Manuela Oehninger Suter

Low-Carb für Einsteiger

32 Rezepte mit zahlreichen Varianten für den
Start in eine kohlenhydratarme Ernährung

Inhalt

Hurra, heute fängt mein neues Leben an!!	4
Low-Carb	6
Low-Carb ➜ LOGI	7
Die LOGI-Pyramide	8
Praktische Hilfen zur Umsetzung der LOGI-Pyramide	10
Freuen Sie sich, denn nun geht's los!	12
Häufige Fragen zum Start	14
Tipps zu den Rezepten	20

Rezepte

Frühstück
- Aprikosentiramisu · 22
- Green Smoothie · 24
- Eiersoufflé mit Lachs · · · · · · · · · · · · · · · · · 26
- Himbeerquark mit Nussallerlei · · · · · · · · · 27
- Kokosfrischkäse mit Papaya · · · · · · · · · · · 28
- Eierwraps · 29

Beilagen, Saucen & Dips
- Pfannengemüse · 30
- Knollenselleriepüree · · · · · · · · · · · · · · · · · 32
- Lauchnudeln an Safransauce · · · · · · · · · · · 33
- Ratatouille · 34
- Salatsauce · 35
- Dips mit Gemüsesticks · · · · · · · · · · · · · · · 36
- Tomaten-Gemüse-Sauce · · · · · · · · · · · · · · 37

Fisch
- Dorsch im Speckmantel · · · · · · · · · · · · · · · 38
- Lachscurry im Papierbeutel · · · · · · · · · · · · 40
- Seelachspiccata · 42
- Seeteufelmedaillons an
  Limetten-Basilikum-Vinaigrette · · · · · · · · · 43
- Fischburger mit Kräuter-Sahne-Sauce · · 44

Fleisch
- Gefüllte Hähnchenbrust · · · · · · · · · · · · · · · 45
- Gefüllter Kürbis mit Hackfleisch · · · · · · · · 46
- Kalbsragout mit Salbei und
  Zitronenthymian · 48
- Hackbraten an Senf-Sahne-Sauce · · · · · · · 50
- Spargel-Schinken-Röllchen · · · · · · · · · · · · 51

Vegetarisches
- Stangensellerie mit Morchelragout · · · · · 52
- Gemüseauflauf · 54
- Low-Carb-Pfannkuchen · · · · · · · · · · · · · · · 55
- Linsensalat mit Weißkohl · · · · · · · · · · · · · 56
- Ricottaküchlein · 57
- Linsentaler · 58
- Sesamcamembert im Salatbeet · · · · · · · · 60

Desserts
- Schokoladenkuchen · · · · · · · · · · · · · · · · · · 61
- Vanillecreme mit Erdbeeren · · · · · · · · · · · 62

Hurra, heute fängt mein neues Leben an!

Sie möchten gerne etwas für Ihre Gesundheit tun und einige überflüssige Pfunde loswerden? Doch Sie haben genug von teils obskuren Ernährungsempfehlungen, Crash-Diäten und damit verbundenen Verboten? Sie möchten keine Pillen, Pülverchen oder Injektionen und in kein starres Programm eingebunden sein?

Was Sie möchten, ist ein gesundes, vitamin- und vitalstoffreiches Essen, das köstlich schmeckt, viel Abwechslung bietet, Ihren Stoffwechsel ins Gleichgewicht bringt und nebenbei fast unmerklich überflüssige Pfunde schmelzen lässt?

Dann ist dieser kleine Ratgeber, mit dem ich Sie auf Ihrem Weg in die Low-Carb-Genusswelt begleite, genau das Richtige für Sie. Die Low-Carb-Ernährung ist nach wissenschaftlichen Erkenntnissen bestens geeignet, um uns bei unserem heutigen Lebensstil fit und gesund zu halten.

Bis vor nicht einmal 60 Jahren mussten die Menschen körperlich viel mehr leisten, als das heutzutage der Fall ist. Damals gab es nur wenige Autos, man ging zu Fuß oder fuhr mit dem Fahrrad zur Arbeit. Bürojobs waren im Vergleich zu heute eher selten. Dagegen arbeitete man als Handwerker oder Bauer körperlich schwer. Es gab nur wenige Maschinen, die einem die Arbeit erleichterten. Auch Hausarbeit war zu dieser Zeit viel anstrengender als heute (z.B. Wäsche waschen ohne Waschmaschine).

Kohlenhydratreiche Lebensmittel waren günstig und kamen meist täglich auf den Tisch. Durch reichlich Bewegung und körperlich anstrengende Arbeit wurden die gegessenen Kohlenhydrate im Laufe des Tages aber meist spielend verbrannt.

Unsere Lebensweise hat sich seither stark verändert, unsere Essgewohnheiten in punkto Kalorien- und Kohlenhydratmengen allerdings weniger oder gar nicht. Gepaart mit unserem bewegungsarmen Lebensstil ist es kein Wunder, dass wir immer dicker und folglich auch kränker werden.

ÜBRIGENS: Haben Sie gewusst, dass ein heute achtjähriges Kind schon mehr Zucker gegessen hat als seine Urgroßeltern während ihres ganzen Lebens?

Während die Palette an Nahrungsmitteln stetig zunimmt, ist die Qualität eher rückläufig. Vor etwas mehr als 50 Jahren eröffneten die ersten Supermärkte mit ungefähr 150 Lebensmittelprodukten im Sortiment. Heute sind es hierzulande weit über 8.000 Produkte, die die Regale füllen, in den USA sogar bis zu 20.000. Viele davon sind voll von Zucker, billigen Pflanzenfetten, Zusatz- und Füllstoffen und sonstiger Chemie. Und jede Woche kommen neue »dringend benötigte« industriell hoch verarbeitete Produkte dazu.

Gesundheitliche Folgen bleiben da nicht aus, beispielsweise Übergewicht, Typ-2-Diabetes, Bluthochdruck, koronare Herzkrankheiten, Reflux, Fettleber, Fettstoffwechselstörungen, Gicht oder Arthrose.

Hinzu kommen durch Übergewicht und Adipositas verursachte Probleme im Alltag wie Schlafstörungen (bedingt durch Reflux und/oder Atemaussetzer), eine eingeschränkte Bewegungs- und Leistungsfähigkeit, Abwertung durch die Umgebung, ein geringes Selbstwertgefühl mit Rückzugstendenz und damit erhöhtem Depressionsrisiko.

DAS GUTE IST, dass Sie es selbst in der Hand haben und selbst bestimmen können, wie Ihre Lebensgeschichte künftig verläuft. Die genannten Risiken einer Fehl- und Überernährung müssen nicht sein. Sie lassen sich mit einer entsprechenden Ernährung deutlich reduzieren oder sogar ganz vermeiden.

Low-Carb

Low-Carb (aus dem Englischen: low = niedrig; carb = Abkürzung von carbohydrates = Kohlenhydrate) ist eine Ernährungsweise, bei der bewusst weniger Kohlenhydrate gegessen werden. Und das aus gutem Grund: Zu viele Kohlenhydrate machen nachweislich hungrig, dick und auf Dauer auch krank.

Kohlenhydrathaltige Lebensmittel lassen unseren Blutzucker ansteigen. Das ruft das Hormon Insulin auf den Plan. Es wird benötigt, damit der Zucker aus dem Blut in die Zellen gelangen kann und der Blutzuckerspiegel wieder in den Normalbereich gelangt. Je mehr Kohlenhydrate wir essen und je schneller der Blutzuckerspiegel ansteigt (etwa nach einer üppigen Nudelportion, belegten Brötchen oder Süßigkeiten), umso mehr Insulin wird benötigt, um den Blutzucker wieder auf sein normales Niveau zu senken. Fällt der Blutzuckerspiegel aufgrund großer Insulinmengen entsprechend rasch nach unten, entsteht schnell ein unangenehmes Heißhungerge-fühl. Der Griff zu weiteren kohlenhydrathaltigen Speisen verspricht Abhilfe. Doch damit setzt sich die Spirale aus Blutzuckeranstieg und nachfolgender Insulinausschüttung erneut in Gang. Auf diese Weise kommen schnell mehr Kalorien zusammen, als verbraucht werden – besonders dann, wenn es an Bewegung mangelt. Die überflüssige Energie wird in Form von Fett gespeichert und lässt die »Rettungsringe« wachsen. Leider wird man die mit einer kohlenhydratbetonten Ernährung auch so schnell nicht wieder los: Denn hohe Insulinspiegel fördern nicht nur die Speicherung von Fett, sondern hemmen auch seine Verbrennung.

Mit einer Reduzierung der Kohlenhydrate lässt sich dieser Kreislauf wirkungsvoll durchbrechen und es gelingt ganz einfach, sein Gewicht nachhaltig zu reduzieren und/oder zu stabilisieren. Abnehmen wirkt sich günstig auf den Stoffwechsel aus. Aber – und das zeichnet die Low-Carb-Ernährung besonders aus – auch ganz ohne Gewichtsverlust verbessern sich Blutwerte wie Cholesterin, Triglyceride, Harnsäure, Entzündungsmarker und auch der Blutdruck. Optimale Voraussetzungen, um Zivilisationskrankheiten wie Typ-2-Diabetes, Erkrankungen des Herz-Kreislauf-Systems, einer Fettleber oder Gicht wirkungsvoll zu begegnen.

Low-Carb → LOGI

Mit einer täglichen Kohlenhydratmenge von 80 bis 130 Gramm ist die wissenschaftlich fundierte LOGI-Methode eine moderate, äußerst flexible und praxistaugliche Variante der Low-Carb-Ernährung. Die Abkürzung LOGI stammt ebenfalls aus dem Englischen (»**LO**w **G**lycemic and **I**nsulinemic Diet«) und steht für eine Ernährung, die niedrige Blutzuckerspiegel und eine geringe Insulinausschüttung fördert. Anstelle von Kohlenhydraten stehen ballaststoff- und wasserreiche Nahrungsmittel, Eiweiß und gesunde Fette im Mittelpunkt, aus denen abwechslungsreiche und schmackhafte Mahlzeiten entstehen. Sie sorgen für eine gute und lang anhaltende Sättigung, eine optimale Versorgung mit allem, was der Organismus braucht und tun dem Stoffwechsel in vielfältiger Weise gut.

Die LOGI-Pyramide

Dank der LOGI-Pyramide ist die Umsetzung der LOGI-Ernährung kinderleicht. Sie unterstützt Sie bei Ihrer täglichen Lebensmittelauswahl.

Die Basis der LOGI-Ernährung bilden Gemüse, Salate und Pilze sowie vorwiegend zuckerarme Früchte wie etwa Beeren. Hinzu kommen hochwertige Fette und Öle (z.B. Rapsöl, Olivenöl, Butter, Leinöl). Sie sind Lieferanten wertvoller Fettsäuren, Transporteure fettlöslicher Vitamine und vor allem auch Geschmacksträger. Fleisch, Geflügel und Fisch sowie Milch und Milchprodukte sorgen für eine gute Eiweißversorgung. Auch Nüsse und Hülsenfrüchte sind bestens mit LOGI vereinbar.

Bei Brot, Backwaren oder Reis sollte die Vollkornvariante bevorzugt werden. Aufgrund des Ballaststoffgehalts steigt der Blutzucker langsamer an und die Sättigung ist besser als bei der »leeren« Weißmehlvariante. Aber Achtung: Auch hier ist die Menge entscheidend! Pro Tag sollten es nicht mehr als ein bis zwei Scheiben Vollkornbrot oder eine kleine Portion Vollkornreis sein. Kleine Portionen: Das gilt auch für Kartoffeln oder Nudeln (al dente!).

Baguette, Toast, Weißbrot, Backwaren, Süßigkeiten oder gesüßte Getränke sind zwar nicht grundsätzlich verboten, sollten aber eher selten verzehrt werden, weil sie den Blutzucker schnell in die Höhe treiben.

Mit der Low-Carb/LOGI-Ernährung verhindern Sie starke Blutzuckeranstiege und -schwankungen und entsprechend hohe Insulinausschüttungen. Auf diese Weise unterstützen Sie Ihren Stoffwechsel optimal – für mehr Wohlbefinden, Leistungsfähigkeit und Gesundheit.

Noch mehr Informationen finden Sie im Internet auf www.logi-aktuell.de.

Ein Beitrag der systemed-Redaktion

Praktische Hilfen zur Umsetzung der LOGI-Pyramide

Stufe 1: Nahrungsmittel ohne oder mit geringfügiger Auswirkung auf den Blutzucker

Hier können Sie sich satt essen: Fünf Portionen möglichst bunt gemischtes Gemüse, Salat und Früchte am Tag, davon maximal zwei Portionen wasserreiche, zuckerarme Früchte wie z. B. 200 Gramm Beeren und ein Apfel und mindestens drei Portionen stärkearmes Gemüse, Pilze und Salate sowie Kräuter und Sprossen. Ergänzt werden diese Vitamin- und Nährstoffbomben mit zwei bis drei Esslöffel hochwertiger Fette wie Raps-, Lein- oder Olivenöl sowie Butter.

Diese Fette liefern wichtige Fettsäuren, sind unerlässlich für die Aufnahme fettlöslicher Vitamine, aber vor allem sind sie ein exzellenter Geschmacksträger und sorgen so dafür, dass Ihnen Ihr Essen richtig gut schmeckt.

Stufe 2: Stoffwechselfreundliche Sattmacher mit geringer Blutzuckerwirkung

Essen Sie zu jeder Mahlzeit Lebensmittel, die hochwertiges Eiweiß liefern. Dies könnten morgens ein Joghurt, ein großes Glas Milch oder ein Rührei sein, mittags ein gegrillter Fisch oder ein Stück Fleisch und abends ein Linseneintopf oder eine kleine Käseplatte.

Stufe 3: Kohlenhydratlieferanten mit mittlerer Auswirkung auf Ihren Blutzucker

Ergänzen Sie Ihre Mahlzeiten, die überwiegend aus Lebensmitteln von Stufe 1 und 2 bestehen, hin und wieder durch eine kleine Kohlenhydratbeilage, wie etwa ein Stück Vollkornbrot, eine kleine Pellkartoffel oder eine kleine Portion von »al dente«-gekochtem Vollkornreis oder -nudeln.

Stufe 4: Hoch verarbeitete und raffinierte, kohlenhydratreiche Lebensmittel mit massiver Auswirkung auf Ihren Blutzucker

Auch hier können Sie sich ab und zu eine kleine Portion (z. B. Kuchen, Süßigkeiten, Eiscreme) gönnen, am besten im Anschluss an eine Mahlzeit, vorzugsweise nach dem Mittagessen. Das hat den Vorteil, dass Sie bereits gut gesättigt sind und nur noch eine kleine Portion »brauchen«. Auf diese Weise wird Ihr Stoffwechsel auch nicht so sehr belastet, wie es bei ständigem »Zwischendurchnaschen« der Fall ist.

Das kommt auf den LOGI-Teller

Wasser- und ballaststoffreiche Lebensmittel: Gemüse, Salate, Pilze oder Obst, angemacht mit gesunden Fetten und Ölen

Eiweißreiche Lebensmittel: Fisch, Fleisch, Milchprodukte, Hülsenfrüchte, Ei, Nüsse, angemacht mit gesunden Fetten und Ölen

Kohlenhydratreiche Lebensmittel: Nudeln, Brot, Reis, Gebäck

Ein totales Verbot von Lebensmitteln dieser Stufe würde auf längere Sicht nur Frust und schlechte Laune mit sich bringen. Und Verbote reizen ja bekanntlich auch ganz besonders! Die Folgen könnten regelrechte »Fressanfälle« sein, die den langfristigen Erfolg der Ernährungsumstellung beeinträchtigen.

Gestalten Sie nach einem Ausflug auf Stufe 4 die weiteren Mahlzeiten an diesem oder am Folgetag bevorzugt mit Nahrungsmitteln von Stufe 1 und 2. Gerade diese Flexibilität bei LOGI ist ein guter Garant für eine nachhaltige Änderung ungünstiger Ernährungsgewohnheiten.

WICHTIG: Wenn Sie Gewicht verlieren möchten, halten Sie sich weitestgehend an Stufe 1 und 2.

Gerade in der ersten Phase der Umstellung ist neben der LOGI-Pyramide auch der LOGI-Teller eine gute Orientierungshilfe. Er hilft Ihnen einzuschätzen, in welcher Gewichtung die einzelnen Lebensmittelgruppen Ihren Teller füllen sollten.

Freuen Sie sich, denn nun geht's los!

Eine gute Vorbereitung ist das A und O für Ihren Start in die genussvolle Low-Carb-Welt. Durchstöbern Sie Ihren Vorrats- und Kühlschrank und sortieren Sie aus, was Sie künftig nicht mehr brauchen werden: Nudeln, Mehl, Kartoffeln, Reis, Instant-Kartoffelpüree, Zucker, Cornflakes & Co., sämtliche Süßigkeiten inkl. Schokolade, Chips, Popcorn, sämtliche Fruchtsäfte und gesüßte Limonaden.

Zudem alle Fruchtjoghurts (gezuckert), Eiscremes und Margarine sowie sämtliche Light-Produkte. Vor allem letztere beinhalten viele Füll-, Zusatz- und Aromastoffe. Ein Blick auf die Verpackungen dieser Produkte zeigt, dass die meisten knallig bunt designt sind. Auf diese Weise sollen sie Ihnen im Supermarkt direkt ins Auge springen und Sie zum Einkauf animieren.

Nehmen Sie vor dem Entsorgen noch die Zeit für einen Blick auf die Zutatenliste. Die einzelnen Bestandteile sind in absteigender Reihenfolge aufgelistet, d.h. die Hauptzutat steht immer an erster Stelle.

INFO: Zucker wird nicht nur als Zucker deklariert. Alles was auf die Silbe -ose endet ist letztendlich Zucker, und es ist durchaus keine Seltenheit, dass Zucker, Glukosesirup, Maltose, Dextrose und Fructose zusammen in einem einzigen Produkt vorkommen.

Ausgeräumt und alles unter die Lupe genommen? Und was machen Sie jetzt mit diesen überflüssig gewordenen Sachen? Falls Ihre Familie nicht mit Ihnen mitziehen möchte, brauchen Sie diese Lebensmittel Stück für Stück auf und kaufen sie später gezielt und sparsam nach. Andernfalls können Sie diese Lebensmittel z.B. an Ihre Freunde und Nachbarn verschenken oder einer Tafel spenden.

Gehen Sie als nächstes einkaufen

Achten Sie auch hier auf die Zusammensetzung der Lebensmittel. Kaufen Sie am besten unverarbeitete Lebensmittel ein oder Lebensmittel mit möglichst kurzer Zutatenliste, denn: Je länger sie ist, umso mehr Inhalts- und unerwünschte Zusatzstoffe sind im entsprechenden Produkt enthalten.

Für Ihre Low-Carb-Küche sind folgende Lebensmittel bestens geeignet:

Gemüse, Salat und Pilze: saisongerechtes, einheimisches und falls möglich biologisch angebautes Gemüse wie Blumenkohl, Lauch, Tomaten, Zucchini, Bohnen, Gurken, Karotten, Sellerie, Paprikaschoten, Auberginen usw. Blattsalate sowie sämtliche Pilze, Sprossen und Kräuter.

> **TIPP:** Greifen Sie außerhalb der Saison auf ungewürztes TK-Gemüse zurück. Dank des Einfrierens unmittelbar nach der Ernte besitzt es mehr Vitamine und Vitalstoffe als »frisches« Gemüse, das einen langen Transportweg hinter sich hat.

Früchte: wasserreiche und zuckerarme Sorten wie alle Beerenarten, Melonen, Äpfel oder Birnen. Bei vollreifen Bananen und Mangos sowie allen getrockneten Früchte sollten Sie zurückhaltender sein. Diese enthalten größere Mengen an Fruchtzucker.

Milchprodukte: Milch, Quark, Joghurt oder Käse in der vollfetten Variante, Buttermilch, gekörnter Frischkäse sowie saure Sahne, Sahne und Butter.

> **INFO:** In der LOGI-Ernährung wird weitestgehend auf fettreduzierte Produkte verzichtet.

Eier: möglichst aus Freilandhaltung.

Fleisch: Kalb, Geflügel, Rind, Lamm, Schwein und Wild, möglichst aus artgerechter Haltung.

Wurstwaren/Aufschnitt: frisch aufgeschnittene geräuchte Hähnchen- und Putenbrust, kalter Braten, alle getrockneten Schinken sowie Nuss-, Kasseler- und Lachsschinken.

Fisch und Meerestiere: möglichst fette Fischsorten wie Thunfisch, Makrele, Hering oder Lachs. Sie haben einen besonders hohen Anteil an Omega-3-Fettsäuren.

Fette und Öle: Butter und Butterschmalz, Rapsöl, Olivenöl, Leinöl, Kokosöl.

Würzmittel: Legen Sie sich ein kleines Sortiment verschiedener Sorten an Essig, Senf und Mayonnaise zu. Auch kleinere Mengen Honig oder Zucker haben im Low-Carb-Vorratsschrank durchaus ihren Platz.

Nüsse: Walnüsse, Haselnüsse, Mandeln, Cashewnüsse, Kokosnussraspel, Erdnüsse, Pinienkerne und Pistazien, am besten in kleinen Mengen abgepackt einkaufen.

Getränke: Die individuelle Trinkmenge hängt vom Körpergewicht, der Leistung sowie von der Umgebungstemperatur ab. Als grobe Empfehlung gelten 1,5 bis 2 Liter pro Tag. Bevorzugen Sie Wasser, ungesüßte Früchte- oder Kräutertees sowie in Maßen ungesüßten Kaffee.

> **TIPP:** Aromatisieren Sie Ihr Wasser mit frischen Kräutern wie Pfefferminze und Zitronenmelisse oder Gurken-, Limetten-, Zitronen- und Orangenscheiben.

Häufige Fragen zum Start

Vor allem zu Beginn einer Ernährungsumstellung bestehen viele Unsicherheiten und offene Fragen. Ich kann Sie beruhigen: Es ist einfacher als Sie sich vorstellen, und es muss schließlich nicht alles innerhalb eines Tages geändert werden. Finden Sie Ihr eigenes Wohlfühltempo: So verlieren Sie nie die Freude an neuen Informationen und Genüssen und bleiben motiviert bei der Sache.

Darf ich jetzt nie mehr Kartoffeln, Nudeln & Co. oder Reis essen?

Das Tolle an Low-Carb/LOGI ist, dass nichts verboten ist und alle gewohnten Lebensmittel ihren Platz haben – wenn auch in etwas anderer Gewichtung.

Sie können zu Ihrer Hauptmahlzeit (am besten zum Mittagessen) durchaus weiterhin Kartoffeln, Nudeln oder Reis essen. Allerdings sollten Sie die bisherigen Mengen erheblich reduzieren und bei Nudeln und Reis die Vollkornvariante bevorzugen. Das lässt den Blutzucker vergleichsweise moderat ansteigen.

Als Maß für eine gute Portionsgröße eignet sich ein Muffinförmchen.

Seien Sie aber unbedingt auch neugierig auf die tollen Low-Carb-Alternativen zu den klassischen Beilagen.

- Kartoffelpüree lässt sich wunderbar durch Sellerie- oder Kohlrabipüree (Rezept Seite 32) ersetzen oder auch mit einem leckeren Kürbispüree. Ebenso lassen sich aus verschiedenen Gemüsesorten köstliche Gratins zubereiten.

- Legen Sie sich einen Gemüse-Spiralschneider zu und zaubern Sie aus Karotten, Zucchini, Kohlrabi & Co. im »Handumdrehen« lange Spaghetti oder andere Nudelalternativen. Jetzt müssen Sie nur noch Ihre Lieblingssauce daraufgeben und können ohne Reue losschlemmen.

- Falls Ihnen die Umstellung auf reine Gemüsealternativen in der Anfangsphase noch ein wenig schwer fällt, ersetzen Sie zunächst die Hälfte der gewohnten Nudelmenge durch Gemüsenudeln und erhöhen Sie den Gemüseanteil bei jeder »Pasta-Mahlzeit« Stück für Stück.

- Verwenden Sie anstelle von Reis Blumenkohl oder Romanesco, den Sie an der feinen Reibe raffeln. Kochen Sie diesen einigen Minuten in gesalzenem Wasser oder in Gemüsebrühe.

Ich kann mir ein Leben ohne Brot nicht vorstellen!

Brot gehört in unserer Gesellschaft fast zu jeder Mahlzeit. Ich will ehrlich sein: Auch ich mag frisches Brot, Croissants und Laugenbrezeln und habe meine persönliche Lösung gefunden: Sonntags gönne ich mir mit meiner Familie einen wunderbaren Brunch mit Eiern, geräuchertem Lachs, verschiedenen Gemüsesticks und Dips. Dazu esse ich ein Brötchen, ganz selten zwei oder auch mal ein Croissant.

Während der Woche sind Brot & Co. dann kein Thema für mich und ich vermisse auch nichts.

Wer nicht auf Brot oder Brötchen verzichten möchte, findet vielleicht die eine oder andere kohlenhydratreduzierte Variante, die ihm schmeckt, und kann seine Mahlzeiten ab und zu mit einer Scheibe davon ergänzen.

Ich esse über Mittag im Büro. Funktioniert das auch mit Low-Carb?

Selbstverständlich. Viele Gerichte lassen sich prima vorbereiten. Wie wäre es mit einer mit gekörntem Frischkäse gefüllten Avocado, dazu ein bunter Salat. Auch möglich: eine Suppe, die Sie am Abend zuvor gekocht haben, Reste vom Abendessen oder ein leckerer Salat mit Fleischresten vom Vortag. Im Rezeptteil finden Sie einige Gerichte, die bestens im Voraus zubereitet und gut mitgenommen werden können, z.B. der Himbeerquark mit Nussallerei von Seite 27, das Aprikosentiramisu von Seite 22 oder die Spargel-Schinken-Röllchen von Seite 51.

Ich esse viel in Restaurants. Ist die Umsetzung von Low-Carb da nicht schwierig?

Nein. Es ist sehr viel einfacher, als Sie es sich vorstellen können. Ich selbst hatte auf meinen ganzen Reisen im In- und Ausland bisher, mit einer einzigen Ausnahme, nie Probleme.

Anstelle der Kohlenhydratbeilage bestelle ich einfach mehr Gemüse oder einen zusätzlichen Salat. Das Küchen- und Servicepersonal ist meist sehr zuvorkommend. Die erwähnte Ausnahme war ausgerechnet während meines Lehrgangs zum LOGI-Coach in einem mexikanischen Restaurant in Düsseldorf.

Hier einige Anregungen für Low-Carb-gerechte Mahlzeiten im Restaurant:

Beim Italiener
- Antipasti mit gegrilltem Gemüse, Tomate-Mozzarella oder ein gemischter Salat
- Minestrone (Gemüsesuppe)
- Fisch oder Fleisch mit reichlich Gemüse
- Fruchtsalat aus frischen (!) Früchten

Beim Chinesen
- Klare Suppe mit Gemüsestreifen
- Tofu-, Fisch- oder Fleischgerichte mit Gemüse anstelle von Reis

An der Dönerbude
- Döner ohne Brot oder eine Dönerbox ohne Pommes, dafür mit reichlich Salat

Gutbürgerlich
- Bouillon mit Ei- oder Gemüseeinlage
- Schnitzel natur, Steak oder Fisch mit Salat und/oder Gemüse

Ist Low-Carb nicht viel teurer als herkömmliches Essen?

Oft sind Fertiggerichte teurer als natürliche Lebensmittel, die Sie selbst zu einer Mahlzeit verarbeiten. Frisches, saisonales Gemüse sowie Fleisch und Milchprodukte in guter Qualität (nach Möglichkeit aus Bio-Anbau und artgerechter Haltung) bekommen Sie inzwischen auch in jedem guten Supermarkt.

Mit Low-Carb geben Sie zudem vermutlich deutlich weniger Geld für Naschereien, schnelle Imbisse an der Tankstelle und in der Bäckerei aus. Das so eingesparte Geld können Sie in hochwertige Lebensmittel investieren.

Ich möchte mich Low-Carb ernähren, meine Familie aber nicht. Wie soll das gehen?

Aus eigener Erfahrung weiß ich, dass es sich meist nach kurzer Zeit recht gut einspielt, wenn die Familie »Sonderwünsche« anmeldet. Dazu habe ich folgende Anregungen für Sie:

■ Vereinbaren Sie mit Ihrer Familie eine zeitlich eingegrenzte Low-Carb-Testphase (ca. zwei Wochen); wer sich danach nach den »alten Zeiten« sehnt, darf gerne wieder so essen. Wandeln Sie dann bei Bedarf die Lieblingsgerichte Ihrer Familie für sich selbst LOGI-tauglich ab.

■ Besprechen Sie die Menüs der folgenden Tage mit Ihren Liebsten. Wünsche, Anregungen und Vorschläge von allen Seiten sind erwünscht.

■ Und zu guter Letzt: Sie führen kein Restaurant mit Menüauswahl. Wem es nicht schmeckt, der darf sich seine Extras gerne selbst zubereiten. Aber ein Extrapfännchen mit Nudeln oder Reis aufzusetzen während Sie kochen, wird Ihnen vermutlich auch keine Kopfschmerzen bereiten.

Muss ich nun gänzlich auf Süßes verzichten?

Eine Tafel Schokolade oder eine Packung Kekse auf einmal, das sollten Sie lieber lassen. Sie möchten ja schließlich etwas verändern und neue Wege gehen. Aber keine Sorge – ganz ohne Süßes müssen Sie nicht auskommen!

Gönnen Sie sich ab und zu im Anschluss an Ihr Mittagessen ein kleines Dessert. Einige low-carb-taugliche Rezepte für Naschkatzen finden Sie im Rezeptteil. Übertreiben sollten Sie es damit aber nicht.

Schon kleine Mengen befriedigen den Süßhunger (der mit Low-Carb/LOGI ja eh deutlich nachlässt) und sind zudem eine gute Übung für bewusstes Genießen.

Ich greife gerne zu Chips & Co. Gibt es dafür Low-Carb-Alternativen?

Ja, durchaus – nämlich Gemüsechips oder Käsecracker. Sie lassen sich ganz einfach selbst herstellen:

- Für Gemüsechips den Backofen auf 140 °C (Umluft) vorheizen. Mit dem Gemüsehobel das gewünschte Gemüse fein hobeln, nach Belieben würzen (Salz, Pfeffer, Paprika, Curry etc.), ein bis zwei Esslöffel Olivenöl dazugeben, alles gut durchmischen und auf ein mit Backpapier ausgelegtes Blech verteilen. Ca. 40 bis 50 Minuten (je nach Dicke des Gemüses) im Backofen rösten.

- Für die Käsecracker den Ofen auf ca. 160 °C (Umluft) vorheizen. Für ungefähr 10 bis 15 Stück ca. 80 Gramm geriebenen Hartkäse (z. B. Parmesan) mit italienischen Kräutern oder Käsegewürz würzen. Mit einem Esslöffel kleine Häufchen mit genügend Abstand auf ein mit Backpapier ausgelegtes Backblech geben. Einige Minuten im Ofen rösten, bis der Käse schmilzt und zu flachen Crackern zerläuft, danach nur leicht anbräunen lassen. Während des Abkühlens werden die Kräcker dann schön knusprig. Als Variante können Sie die Käsehäufchen vor dem Backen mit dünn geschnittenen Cherrytomaten oder dünn gehobelten Zucchinischeiben belegen.

Was kann ich essen, wenn ich zwischen den Hauptmahlzeiten Hunger habe?

Generell sollten Sie Ihrem Körper zwischen den einzelnen Mahlzeiten mindestens vier Stunden Zeit lassen, bis er das nächste Mal mit Essbarem konfrontiert wird. Gerade zu Beginn der Umstellung plagt einen jedoch manchmal der kleine Hunger zwischendurch.

Aber ist das tatsächlich Hunger oder nicht doch vielleicht Durst oder fehlende Sättigung, weil die Portion bei der Hauptmahlzeit nicht groß oder nicht ausgewogen genug war? Oder sind es einfach nur Gelüste, Langeweile oder Stress?

Hier ein paar Tipps:

- Trinken Sie zuerst ein Glas Tee oder Wasser. Häufig wird Durst als Hunger interpretiert. Warten Sie anschließend fünf Minuten.

- Versuchen Sie sich abzulenken, z. B. indem Sie zum Briefkasten gehen, Wäsche sortieren oder mit der besten Freundin telefonieren. Sind es Gelüste, lassen diese nach einer Viertelstunde deutlich nach.

- Haben Sie tatsächlich richtig Hunger, dann essen Sie eine kleine Portion eines eiweißreichen Lebensmittels. Das könnte eine Scheibe Schinken, ein halbes gekochtes Ei oder ein paar Löffel Naturjoghurt sein. Als schnelle Alternative zwischendurch bietet sich auch eine kleine Handvoll Nüsse oder Kerne an. Trinken Sie zusätzlich nochmals ein großes Glas Wasser oder essen Sie ein paar Gemüsesticks.

- Versuchen Sie in den nächsten Tagen die Größe der Hauptmahlzeiten und die Zusammensetzung so anzupassen, dass die Sättigung länger anhält.

Wie schaffe ich es, mehr Bewegung in meinen Alltag zu bringen?

Keine Panik. Sie müssen fortan nicht täglich einen Ausdauerlauf absolvieren. Versuchen Sie jedoch von Anfang an, Ihre tägliche Schrittzahl zu erhöhen. Ziel wären 10.000 Schritte pro Tag. Das entspricht einer täglichen Gehdauer von ungefähr 90 bis 120 Minuten. Dies ist jedoch im hektischen Alltag erfahrungsgemäß nicht immer so einfach umzusetzen. Ich z.B. schaffe dies nur dank unseres Hundes, mit dem ich jeden Tag draußen unterwegs bin.

Doch jeder Schritt, den Sie heute mehr laufen als gestern ist gut und bringt Sie Ihrem Ziel näher. 30 Minuten zügiges Gehen: schon sind 3.000 Schritte auf Ihrem Tageskonto. Durch das Laufen, oder später auch moderates Walken, steigern Sie Ihren Grundumsatz, d.h. Sie können mehr essen oder werden bei gleichbleibenden Portionsgrößen Ihre überflüssigen Pfunde los. Daneben werden Muskulatur, Herz und Kreislauf trainiert und gestärkt. Sie werden sich innerhalb kurzer Zeit fitter und agiler fühlen.

Tipps zu den Rezepten

Da für Sie vermutlich vieles neu ist, möchte ich Ihr Vorhaben nicht noch durch exotische Zutaten belasten, die Sie nur schwer bekommen. Meine Rezepte sind weitestgehend so gestaltet, dass Sie weiterhin wie gewohnt in Ihrem Lieblingssupermakt, beim Metzger, Fischverkäufer oder auf dem Wochenmarkt Ihres Vertrauens einkaufen können.

Der Rezeptteil ist im Baukastensystem aufgebaut, d. h. Sie finden einzelne Komponenten wie Fleisch- und Fischgerichte, Rezepte für Gemüsebeilagen und kohlenhydratbewusste Alternativen zu Kartoffeln, Nudeln & Co., Suppen, Salate, Desserts und Kuchen, die Sie zu einzelnen Gerichten oder als ganze Menüs zusammenstellen können. Daraus ergibt sich eine Fülle an Variationsmöglichkeiten.

Alle Rezepte sind einfach und schnell nachzukochen und lassen viel Spielraum für individuelle Abwandlungen. Schon nach kürzester Zeit sind Sie in punkto Low-Carb-Küche so routiniert, dass Sie ganz einfach immer mehr eigene Ideen einbringen können. Sie werden erstaunt sein, was in der Low-Carb-Küche alles möglich ist!

Wenn Ihnen eine Zutat nicht schmeckt oder Sie diese nicht zur Hand haben, ist oft ein einfacher Tausch möglich, z. B. Gurke gegen Zucchini, Äpfel gegen Birnen, eine Beerensorte gegen eine andere … Ebenso verhält es sich mit Gewürzen. Nehmen Sie Ihr Lieblingsgewürz – und das Gericht bekommt eine völlig andere Geschmacksnote.

Einige Gerichte aus diesem Ratgeber werden im Ofen gegart. Das hat den Vorteil, dass Sie sich nach der Vorbereitungsphase nicht mehr groß darum kümmern müssen. Wenn Ihre Familie zu Beginn noch nicht so experimentierfreudig ist wie Sie, haben Sie so Zeit, für die Skeptiker ein Extragericht zuzubereiten.

In einigen Rezepten werden Mehl, Maisstärke oder Zucker verwendet. Ein »Nogo« in der Low-Carb-Küche möchte man meinen. Da die jeweiligen Mengen jedoch so gering sind und deshalb kaum Einfluss auf den Blutzuckerspiegel und die Insulinausschüttung haben, habe ich bewusst auf häufig verwendete Low-Carb-Alternativen wie Mandelmehl, Eiweißpulver, Guarkern- oder Johannisbrotkernmehl sowie Birkenzucker verzichtet. Selbstverständlich steht es Ihnen aber frei, diese Produkte in entsprechend angepasster Dosierung zu verwenden.

Kalorien- oder gar Fettaugenzählen ist bei Low-Carb nicht erforderlich. Dennoch finden Sie unter den Rezepten zur besseren Einschätzung ungefähre Kalorien- und Nährwertangaben. Einzelne Mahlzeitenkomponenten weisen nicht immer wünschenswerte Nährstoffverhältnisse auf und haben mitunter eine mittlere bis hohe Energiedichte (= Kalorien pro 100 Gramm). Das relativiert sich jedoch, wenn Sie verschiedene Komponenten miteinander kombinieren.

So, und nun wünsche ich Ihnen von Herzen einen guten, genussvollen Start in Ihr neues Leben und viel Spaß beim Ausprobieren der nachfolgenden Rezeptideen.

Aprikosentiramisu

Für 2 Personen
Zubereitungszeit: 30 Minuten,
Kühlzeit: 2–3 Stunden

- 8 reife Aprikosen
- 150 g Speisequark (Magerstufe)
- ½ Vanilleschote
- 40 ml Schlagsahne
- 20 g gehackte Pistazien
- 40 g Haferkleie
- 1 TL ungesüßtes Kakaopulver

1 Portion (ca. 265 g): 340 kcal, 17,7 g Eiweiß (21,4 E%),
16,6 g Fett (44,2 E%), 28,5 g Kohlenhydrate (34,4 E%)

01   Die Aprikosen waschen, halbieren und entsteinen. Danach die Früchte in kleine Stücke schneiden und mit 2 EL Wasser in einem kleinen Topf einigen Minuten köcheln lassen. In einem Schälchen abkühlen lassen.

02   Den Quark in einer Schüssel verrühren.

03   Die Vanilleschote der Länge nach aufschneiden. Das Mark mit einem Messerrücken auskratzen und zum Quark geben. Die Sahne steif schlagen und ebenfalls zum Vanillequark fügen.

04   Die gekochten Aprikosen mit dem Pürierstab mixen. Die Pistazien untermischen.

05   Die vorbereiteten Zutaten anschließend in folgender Reihenfolge in zwei Gläser (ca. 3 dl) füllen: 1 TL Haferkleie – ¼ Aprikosenmasse – ¼ Quarkcreme. Das Ganze noch einmal wiederholen.

06   Die Gläser mit Klarsichtfolie abdecken und für mindestens 2 bis 3 Stunden in den Kühlschrank stellen.

07   Vor dem Servieren mit gesiebtem Kakaopulver bestreuen.

TIPP: Das Tiramisu eignet sich bestens für einen Sonntagsbrunch oder unter der Woche als Bürolunch. Es lässt sich gut am Vorabend zubereiten und hält sich mit Klarsichtfolie zugedeckt über Nacht im Kühlschrank.

Auch hier gibt es viel Spielraum für eigene Ideen:

- Ersetzen Sie beispielsweise die Aprikosen durch Beerenfrüchte, Nektarinen oder gekochte Birnen mit Zimt.

- In der Adventszeit können Sie ½ TL Lebkuchengewürz zur Haferkleie geben und die Aprikosen durch fein geschnittene Orangen- oder Mandarinenstücke ersetzen. Lassen Sie in diesem Fall die Pistazien weg.

Green Smoothie

Für 2 Personen
Zubereitungszeit: 10 Minuten

- 200 g Erdbeeren
- 300 g junger Blattspinat (frisch)
- 1 Bio-Zitrone
- 1 Zweig Pfefferminze
- 1 Msp. Zimtpulver
- bei Bedarf etwas Wasser

1 Portion (ca. 280 g): 70 kcal, 5,2 g Eiweiß (34,9 E%),
1 g Fett (14,8 E%), 7,6 g Kohlenhydrate (50,3 E%)

01   Die Erdbeeren und den Spinat waschen und die Stielansätze wegschneiden.

02   Die Zitrone heiß abwaschen und die Schale fein abreiben. Den Abrieb zur Seite stellen. Anschließend die Frucht halbieren und den Saft auspressen.

03   Die Pfefferminzblätter vom Stängel lösen.

04   Alle Zutaten in einen Standmixer geben. Kurz auf niedriger Stufe anlaufen lassen. Eventuell etwas Wasser dazugeben. Zum Schluss das Ganze kurz auf höchster Stufe fein mixen.

05   Den Smoothie in zwei hohe Gläser füllen und mit dem Zitronenabrieb bestreuen.

INFO: Für die Zubereitung eines Green Smoothies benötigen Sie einen Standmixer mit einem starken Motor. Ein Stabmixer ist hierfür ungeeignet. Green Smoothies sind kleine Vitamin-, Nährstoff- und Antioxidantienwunder. Sie lassen sich zudem prima vorbereiten.

Versuchen Sie auch folgende Kombis:

- Friséesalat / Avocado / Mandarine
- Rucola / Pfirsich
- Kopfsalat / Gurke / Grapefruit
- Löwenzahn / Kiwi

Eiersoufflé mit Lachs

Für 2 Personen
Zubereitungszeit: ca. 20 Minuten

- 4 Eier (Größe L)
- 1 EL kalte Milch (3,5 % Fett)
- 1 TL frischer Dill
- 50 ml Sahne
- 5 cm Meerrettich
- 2 TL Butterschmalz
- 100 g geräucherter Lachs in Scheiben
- Salz, Pfeffer aus der Mühle

1 Portion (ca. 220 g): 400 kcal, 26,9 g Eiweiß (26,6 E%), 31,1 g Fett (69,7 E%), 3,8 g Kohlenhydrate (3,7 E%)

01 Die Eier vorsichtig trennen.

02 Das Eigelb zusammen mit der Milch, dem Dill, Salz und Pfeffer mit einer Gabel in einer Schüssel verquirlen.

03 Das Eiweiß mit 1 Prise Salz steif schlagen und vorsichtig mit einem Teigschaber unter die Eimasse ziehen.

04 Sahne schlagen. Den Meerrettich ganz fein reiben und darunterziehen.

05 Je 1 TL Butterschmalz in zwei Bratpfannen geben und erhitzen.

06 Anschließend die Eimasse auf die beiden Pfannen verteilen. Bei schwacher Hitze einige Minuten ausbacken, bis die Masse aufgeht. Dabei immer wieder mit einem Spachtel den Rand anheben, um den Bräunungsgrad zu überprüfen. Gegebenenfalls die Hitze regulieren.

07 Dann jeweils die Hälfte der Meerrettichsahne und der Lachsscheiben auf den Soufflés verteilen. Diese zusammenklappen und nochmals kurz durchwärmen.

08 Anschließend sofort auf zwei Tellern servieren.

TIPP: Für eine vegetarische Variante können Sie anstelle des Lachses fein geschnittene Gemüsestifte und anstelle der Meerrettichsahne 50 g grob geriebenen Bergkäse verwenden.

Himbeerquark mit Nussallerlei

Für 2 Personen
Zubereitungszeit: ca. 15 Minuten

- 400 g Himbeeren
- 1 EL Mandelstifte (alternativ Mandelplättchen)
- 1 EL gehackte Walnüsse
- 1 EL gehackte Haselnüsse
- ½ Vanilleschote
- ½ TL Zimt
- 1 TL Butter
- 1 TL flüssiger Honig
- 250 g Speisequark (20 % Fett)
- 2 EL kohlensäurehaltiges Mineralwasser

1 Portion (ca. 350 g): 330 kcal, 21,1 g Eiweiß (27,2 E%), 18,4 g Fett (52,5 E%), 15,8 g Kohlenhydrate (20,3 E%)

01 Die Himbeeren waschen und vorsichtig mit einem Küchenpapier trocken tupfen.

02 Die Mandelstifte sowie die gehackten Wal- und Haselnüsse in einer beschichteten flachen Pfanne unter ständigem Rühren einige Minuten leicht anrösten.

03 Die Vanilleschote der Länge nach aufschneiden. Mit einem Messerrücken das Mark auskratzen und dieses zusammen mit dem Zimt zur Nussmischung geben.

04 Zum Schluss Butter und Honig unterrühren und die Pfanne vom Herd ziehen.

05 Die Mischung einige Minuten auf einem Teller auskühlen lassen.

06 Den Speisequark mit dem Mineralwasser verrühren. Danach die vorbereiteten Himbeeren vorsichtig unterziehen und die fertige Masse auf zwei Schälchen verteilen.

07 Zum Schluss das Nussallerlei über den Himbeerquark streuen.

TIPP: Für dieses erfrischende Frühstück eignen sich alle Beerenarten und weitere zuckerarme Obstarten, z. B. verschiedene Melonensorten.

Kokosfrischkäse mit Papaya

Für 2 Personen
Zubereitungszeit: 10 Minuten

- 1 EL Kokosflocken
- ½ Papaya (ca. 200 g)
- 250 g körniger Frischkäse (Hüttenkäse)
- 50 ml Kokosmilch (ungezuckert)
- 1 EL Kokosraspel
- Vanilleschote aus der Mühle

1 Portion (ca. 260 g): 275 kcal, 17,1 g Eiweiß (25,6 E%), 16,4 g Fett (55,6 E%), 12,6 g Kohlenhydrate (18,8 E%)

01   Die Kokosflocken in einer beschichteten Pfanne kurz goldbraun rösten. Anschließend auskühlen lassen.

02   Die Papaya halbieren und die Kerne mit einem Löffel ausschaben. Das Fruchtfleisch von der Schale lösen und in 1 cm große Würfel schneiden.

03   Den Frischkäse über einem Sieb abtropfen lassen. Danach mit der Kokosmilch und den Kokosraspeln vermischen und die Masse auf zwei Schälchen verteilen.

04   Die Papayawürfel daraufgeben und mit den gerösteten Kokosflocken und Vanille aus der Mühle garnieren.

INFO: Da einige Früchte wie Papaya, Ananas und Kiwi ein Enzym enthalten, welches Eiweiß spaltet, empfiehlt es sich, diese erst kurz vor dem Servieren mit Milchprodukten zu mischen. Andernfalls werden die Speisen sehr bitter.

Eierwraps

Für 2 Personen
Zubereitungszeit: ca. 20 Minuten

- 1 mittelgroße Zucchini
- 1 gelbe Paprikaschote
- 4 Cherrytomaten
- 1 EL Rapsöl
- 4 Eier (Größe L)
- 50 g geriebener Käse (z. B. Parmesan)
- 50 g Kressesprossen
- ½ Bund Radieschen
- 4 Scheiben gekochter Schinken (dünn geschnitten)
- Salz, Pfeffer

1 Portion (ca. 430 g): 450 kcal, 35,4 g Eiweiß (32 E%), 25,8 g Fett (57,2 E%), 11,9 g Kohlenhydrate (10,8 E%)

01   Zucchini und Paprika küchenfertig vorbereiten und mit dem Multizerkleinerer oder von Hand sehr klein schneiden.

02   Die Cherrytomaten waschen, trocken tupfen und vierteln.

03   Das Rapsöl in einer beschichteten Pfanne erhitzen und das Gemüse unter ständigem Rühren kurz anbraten.

04   Die aufgeschlagenen Eier und den geriebenen Käse hinzugeben, alles verrühren, würzen und wie ein Rührei braten. Anschließend die Pfanne vom Herd ziehen.

05   Die Kressesprossen kurz unter fließendem Wasser abbrausen und trocken schleudern. Die Radieschen putzen und in sehr feine Scheiben hobeln.

06   Die Schinkenscheiben auf einer Platte auslegen. Sprossen und Radieschen darauf verteilen.

07   Die Rühreimasse gleichmäßig auf die Schinkenscheiben verteilen, diese fest einrollen und mit je einem Zahnstocher fixieren.

08   Anschließend die Wraps nochmals in die Pfanne legen und rundherum kurz anbraten.

TIPP: Für eine vegetarische Variante können Sie anstelle des Kochschinkens große Salatblätter verwenden. Dann entfällt das nochmalige Anbraten am Schluss.

Pfannengemüse

Für 2 Personen
Zubereitungszeit: ca. 15 Minuten

- 2 Paprikaschoten
- 2 Zucchini
- 2 Knoblauchzehen
- 2 Salbeiblätter
- 2 Zweiglein Oregano
- 1 Zweig Thymian
- 1 Zweig Rosmarin
- 2 EL Olivenöl
- Salz, Pfeffer

1 Portion (ca. 350 g): 170 kcal, 5,8 g Eiweiß (14,2 E%), 10,9 g Fett (58,4 E%), 11,3 g Kohlenhydrate (27,4 E%)

01   Die Paprikaschoten halbieren, den Strunk, die Kerne und die weißen Häutchen herausschneiden. Anschließend waschen. Danach die Paprika in 3 cm kleine Stücke schneiden. Die Zucchini nach dem Entfernen der Enden in ½ cm dicke Scheiben schneiden. Die Knoblauchzehen schälen und pressen.

02   Die Kräuter, bis auf den Rosmarin, fein hacken. Die Rosmarinnadeln am Zweig lassen.

03   Das Olivenöl in einem Topf mit schwerem Boden erhitzen. Das Gemüse mit dem Knoblauch in das heiße Öl geben und einige Minuten bei großer Hitze unter ständigem Umrühren anbraten.

04   Die Kräuter zugeben und alles zusammen 10 Minuten bei mittlerer Hitze mit geschlossenem Deckel bissfest garen lassen. Am Schluss den Rosmarinzweig entfernen. Anschließend mit Salz und Pfeffer abschmecken.

05   Das Pfannengemüse auf Tellern anrichten.

TIPPS: Diese schnelle Gemüsepfanne ersetzt die Nudeln auf Ihrem Teller und ist eine ideale Beilage für alle Fleisch- und Fischgerichte.

Anstelle der frischen Kräuter können Sie auch eine fertige italienische Kräutermischung verwenden.

Im Frühjahr lässt sich das Gemüse mit dünnem grünem Spargel ergänzen. Dieser muss nicht extra vorgekocht werden.

Knollenselleriepüree

Für 2 Personen
Zubereitungszeit: 25 Minuten

- 500 g Knollensellerie
- 150 ml Gemüsebrühe
- 150 ml Sahne
- 1 Lorbeerblatt
- 2 Gewürznelken
- 1 Msp. Muskatpulver
- Salz, Pfeffer

1 Portion (ca. 200 g): 75 kcal, 3 g Eiweiß (16,8 E%), 4,8 g Fett (58,7 E%), 4,4 g Kohlenhydrate (24,5 E%)

01   Den Knollensellerie küchenfertig vorbereiten und zunächst in 1 cm dicke Scheiben und anschließend in ca. 2 cm große Würfel schneiden.

02   Gemüsebrühe mit der Sahne in einen hohen Topf gießen und die Knollenselleriewürfel hineingeben. Lorbeerblatt und Gewürznelken dazugeben.

03   Alles kurz aufkochen lassen und danach auf kleiner Flamme 15 Minuten weich kochen.

04   Das Lorbeerblatt und die Gewürznelken herausnehmen. Die Sahnebrühe in eine Schüssel gießen.

05   Den Knollensellerie mit dem Kartoffelstampfer zu einem Brei stampfen. Eventuell einige Löffel der Sahnebrühe untermischen. Mit Salz, Pfeffer und Muskatnuss abschmecken.

TIPPS: Diese Beilage passt hervorragend zum Hackbraten auf Seite 50, aber auch zu verschiedenen anderen Fleisch- und Fischgerichten.

Für eine Variation des Rezepts eignen sich viele weitere Gemüsesorten wie Brokkoli, Kohlrabi oder Kürbis.

Lauchnudeln an Safransauce

Für 2 Personen
Zubereitungszeit: ca. 20 Minuten

- 4 Lauchstangen
- 1 Zwiebel
- 1 EL Rapsöl
- 200 ml Gemüsebrühe

Für die Sauce:
- 150 ml Gemüsebrühe
- 50 ml Sahne
- ½ Briefchen gemahlener Safran (oder 2–3 Safranfäden)
- ½ TL Maisstärke
- ½ Bund gehackte Petersilie
- Salz, Pfeffer

1 Portion (ca. 360 g): 210 kcal, 6,2 g Eiweiß (12,1 E%), 15,1 g Fett (65,3 E%), 11,5 g Kohlenhydrate (22,6 E%)

01   Die Lauchstangen küchenfertig vorbereiten: Dazu die Enden und den dunklen Teil abschneiden. Eventuell die äußere Schicht entfernen. Dann den Lauch der Länge nach halbieren und unter fließendem Wasser waschen und anschließend trocken tupfen. Nun mit einem scharfen Messer der Länge nach Streifen in der gewünschten Breite schneiden.

02   Die Zwiebel schälen und fein hacken.

03   Das Rapsöl in einer Pfanne erhitzen. Die Lauchnudeln zunächst kurz mit der gehackten Zwiebel andünsten und anschließend mit der Gemüsebrühe ablöschen. Das Ganze bei mittlerer Hitze ungefähr 5 Minuten köcheln lassen. Danach über einem großen Sieb abgießen.

04   Für die Sauce die Gemüsebrühe mit der Sahne in einem kleinen Topf erhitzen. Den Safran dazugeben und die Maisstärke einrühren. Alles nochmals kurz erhitzen und mit Salz und Pfeffer abschmecken.

05   Petersilie waschen, trocken schütteln und hacken.

06   Die Lauchnudeln in Suppentellern anrichten, die Sauce darüber geben und das Gericht mit der gehackten Petersilie bestreuen.

Saucenvariationen

Senfsauce: Geben Sie in diesem Fall anstelle des Safrans am Schluss 1 EL grobkörnigen Senf in die Sauce. Danach nicht mehr aufkochen lassen!

Paprikasauce: Ersetzen Sie den Safran durch 1 TL scharfes Paprikapulver.

TIPP: Anstelle des Lauchs können Sie auch andere Gemüsesorten wie Zucchini, Kohlrabi, Karotten oder Knollensellerie verwenden. Schneiden Sie diese in dünne Streifen oder verwenden Sie als Alternative einen Spiralschneider. Passen Sie die Garzeit dem jeweiligen Gemüse und der Dicke des Garguts an.

Ratatouille

Für 2 Personen
Zubereitungszeit: ca. 30 Minuten

- 1 kleine Aubergine
- 1 große gelbe Paprikaschote
- 2 Zucchini
- 2 große aromatische Tomaten
- 2 EL Olivenöl
- 1 TL Tomatenmark
- 100 ml Wasser
- 1 Zweig Thymian, 2 Salbeiblätter
  (alternativ 1 TL französische
  Kräutermischung)
- Salz, Pfeffer

1 Portion (ca. 500 g): 190 kcal, 6,7 g Eiweiß (14,8 E%),
11,3 g Fett (54,7 E%), 13,9 g Kohlenhydrate (30,5 E%)

01 Die Aubergine waschen und trocken tupfen. Nach dem Entfernen der Enden in 1 cm dicke Scheiben schneiden und diese mit Salz einreiben. Etwa 10 Minuten ziehen lassen. Anschließend das Salz abwaschen, die Scheiben trocken tupfen und anschließend in mundgerechte Stücke schneiden.

02 Die Paprikaschote halbieren, den Strunk, die Kerne und die weißen Häutchen entfernen. Danach die Paprikahälften waschen und in 3 cm große Stücke schneiden. Die Zucchini waschen und nach dem Entfernen der Enden in ½ cm dicke Scheiben schneiden. Die Tomaten waschen, halbieren und den Strunk ausschneiden. Die Hälften ebenfalls in 3 cm kleine Stücke schneiden.

03 Olivenöl in einem Topf mit schwerem Boden erhitzen. Das Gemüse in das heiße Öl geben und einige Minuten bei großer Hitze unter Rühren anbraten.

04 Tomatenmark und Wasser zum Gemüse geben und alles miteinander vermischen. Dann das Ratatouille mit den Kräutern würzen und ungefähr 15 Minuten bei mittlerer Hitze einkochen.

05 Mit Salz und Pfeffer abschmecken.

06 Das fertige Ratatouille auf zwei Teller anrichten.

Salatsauce

Für ca. 10 Portionen
Zubereitungszeit: ca. 10 Minuten

- 200 g Naturjoghurt (3,5 % Fett)
- 200 ml Milch (3,5 % Fett)
- 100 ml Rapsöl
- 100 ml Weißweinessig
- 1 EL Mayonnaise
- 1 EL Senf
- ½ TL Currypulver
- 1 TL frische oder getrocknete Salatkräuter
- Salz, Pfeffer

1 Portion (ca. 60 g): 125 kcal, 1,6 g Eiweiß (5,1 E%), 12,3 g Fett (88,6 E%), 2 g Kohlenhydrate (6,3 E%)

01   Alle Zutaten in ein hohes Gefäß füllen und mit dem Pürierstab durchmixen.

02   In eine saubere Glasflasche abfüllen und im Kühlschrank lagern.

TIPP: Die Sauce hält sich im Kühlschrank problemlos 5 Tage. Vor Gebrauch kräftig schütteln.

INFO: Diese Sauce passt besonders gut zum ergänzenden Tipp für den Spargel-Thunfisch-Salat auf Seite 51 sowie zu allen Gemüsesalaten.

Dips mit Gemüsesticks

Für 2 Personen
Zubereitungszeit: 10 Minuten (plus
Zubereitungszeit für die Gemüsesticks)

- 100 g Speisequark (Magerstufe)
- 100 g griechischer Naturjoghurt, ungezuckert
- 1 EL Olivenöl
- 1 EL kohlensäurehaltiges Mineralwasser
- Salz, Pfeffer

1 Portion (ca. 110 g): 140 kcal, 8,3 g Eiweiß (24,3 E%), 10,1 g Fett (65,6 E%), 3,5 g Kohlenhydrate (10,1 E%)

01 Alle Zutaten in einer kleinen Schüssel miteinander verrühren.

02 Servieren Sie diesen und die nachfolgenden Dips zu Gemüsesticks, beispielsweise aus Karotten, Gurken, Stangensellerie, Zucchini oder Paprikaschoten.

INFO: Aus diesem Basisrezept lassen sich unendlich viele Abwandlungen kreieren. Finden Sie Ihr Lieblingsvariante. Geben Sie z.B. nachfolgende Zutaten zum Grundrezept und lassen Sie den jeweiligen Dip 15 bis 30 Minuten ziehen.

Dipvarianten

Kräuterdip: Verschiedene frische Kräuter, z.B. Bärlauch, junger Löwenzahn oder Basilikum, Petersilie, Schnittlauch, Minze, Thymian usw., 1–2 Knoblauchzehen.

Fernöstliche Variante: 2 klein geschnittene ungezuckerte Ananasscheiben aus der Dose (in diesem Fall sind frische Ananas ungeeignet, da diese ein Enzym enthalten, das Milchprodukte bitter werden lässt), 1 TL scharfes Currypulver.

Viva Mexico: ½ entkernte, in feine Streifen geschnittene Chilischote, ¼ TL Paprikapulver (je nach Geschmack edelsüß oder scharf), ½ weiche, mit der Gabel zerdrückte Avocado, Saft von 1 Limette, etwas gehackter frischer Koriander oder Petersilie.

Zitronen-Käse-Dip: Saft und Schalenabrieb von ½ Bio-Zitrone, 30 g würziger, fein geriebener Käse, ½ TL Honig, etwas frischer Thymian

Rote-Bete-Schaum: 50 g gekochte, mit der Gabel fein zerdrückte Rote Bete, etwas geriebener Meerrettich, 50 ml geschlagene Sahne, ½ Bund Schnittlauch (in Röllchen geschnitten).

Tomaten-Gemüse-Sauce

Für 4 Portionen
Zubereitungszeit: 40 Minuten

- 1 kleine Zwiebel
- 1 Knoblauchzehe
- 1 Karotte
- 2 Stangen Stangensellerie
- 1–2 gelbe Zucchini
- 1 Kohlrabi
- 2 EL Olivenöl
- 1 EL Tomatenmark
- 300 g gewürfelte Tomatenstücke aus der Dose (inkl. Saft)
- 1 EL italienische Kräuter
- Salz, Pfeffer

1 Portion (ca. 235 g): 85 kcal, 2,8 g Eiweiß (13,2 E%),
5,4 g Fett (57 E%), 6,3 g Kohlenhydrate (29,8 E%)

01   Die Zwiebel schälen und in feine Würfel schneiden. Den Knoblauch ebenfalls schälen und durch die Presse drücken.

02   Die Karotte, den Stangensellerie, die Zucchini und den Kohlrabi küchenfertig vorbereiten und mit dem Multizerkleinerer oder einem scharfen Messer sehr klein schneiden.

03   Das Olivenöl in einer großen flachen Pfanne erhitzen. Die Zwiebel und den gepressten Knoblauch hinzugeben und kurz anbraten. Danach das geschnittene Gemüse dazugeben und alles zusammen einige Minuten unter ständigem Rühren weiterbraten. Das Tomatenmark unterrühren.

04   Die gewürfelten Tomatenstücke dazugießen. Das Ganze mit den italienischen Kräutern, Salz und Pfeffer abschmecken. Anschließend zugedeckt etwa 20 bis 30 Minuten köcheln lassen.

TIPPS: Diese Sauce ist ein Allrounder. Sie passt hervorragend zu Gemüsespaghetti oder -nudeln (siehe Seite 33). Streuen Sie 50 g geriebenen Parmesan über die fertige Sauce.

Etwas Fleisch gefällig? Braten Sie vorab 200 g Rinderhack in Öl an und fügen Sie anschließend die übrigen Zutaten hinzu.

Die Sauce hält sich im Kühlschrank problemlos 2 bis 3 Tage und lässt sich auch gut portionsweise einfrieren. Es lohnt sich, vorausschauend die doppelte oder dreifache Menge zuzubereiten.

Dorsch im Speckmantel

**Für 2 Personen
Zubereitungszeit: ca. 10 Minuten
Garzeit im Backofen: 25 Minuten**

- 2 Dorschfilets royal (je 150 g)
- 6 dünne Scheiben Bauchspeck
- 2 TL Butter
- 1 TL mildes Paprikapulver
- 50 ml Sahne
- Dill
- Salz, Pfeffer

1 Portion (ca. 210 g): 320 kcal, 36,1 g Eiweiß (50,5 E%), 15,2 g Fett (48,2 E%), 0,9 g Kohlenhydrate (1,3 E%)

01   Ofen auf 180 °C (Umluft) vorheizen.

02   Die Fischfilets unter fließendem kaltem Wasser abspülen und mit einem Küchenkrepp trocken tupfen. Danach in 6 gleich große Stücke schneiden. Diese mit je einer Speckscheibe umwickeln.

03   Eine ofenfeste Form mit etwas Butter ausreiben und die Fischfilets hineinlegen.

04   Mit Paprikapulver, Salz und Pfeffer würzen.

05   Dann die restliche Butter auf den Fischstückchen verteilen.

06   Das Ganze für 20 Minuten in der Ofenmitte garen. Zum Schluss die Sahne darübergießen und alles weitere 5 Minuten garen lassen.

07   Den Dill waschen, trocken schütteln und klein schneiden.

08   Den Fisch auf zwei Tellern anrichten und mit Dill bestreuen.

TIPP: Anstelle des Dorschfilets können Sie auch Seeteufelfilet, für eine Fleischvariante Schweine- oder Kalbsfilet verwenden.

Lachscurry im Papierbeutel

Für 2 Personen
Zubereitungszeit: ca. 20 Minuten
Garzeit im Backofen: 25 Minuten

- 300 g Lachs
- 300 g kleine Champignons
- 1 Zucchini
- 2 Knoblauchzehen
- ½ Bund Petersilie
- 2 Frühlingszwiebeln
- 100 ml Kokosmilch
- 1 EL Currypulver
- 1 TL weiche Butter
- 2 EL Sauerrahm
- Salz, Pfeffer
- 2 große Bögen Backpapier
- Küchenschnur oder Büroklammer

1 Portion (ca. 475 g): 485 kcal, 40 g Eiweiß (32,9 E%), 33,1 g Fett (61,6 E%), 6,7 g Kohlenhydrate (5,5 E%)

01 Den Backofen auf 180 °C (Umluft) vorheizen.

02 Ein Backblech in die zweitunterste Schiene schieben und ebenfalls vorheizen.

03 Den Lachs unter fließendem kaltem Wasser abspülen und mit einem Küchenpapier trocken tupfen. Danach in ca. 2 cm große Stücke schneiden.

04 Das Gemüse vorbereiten: Dazu nach dem Waschen die Ansätze der Champignons und die Zucchinienden wegschneiden.

05 Kleine Champignons ganz lassen, die größeren halbieren. Die Zucchini in ca. 3 cm lange und 1 cm dicke Stücke schneiden.

06 Den Knoblauch schälen und zusammen mit der gewaschenen Petersilie und den küchenfertig vorbereiteten Frühlingszwiebeln fein hacken.

07 Die Kokosmilch und das Currypulver in eine Schüssel geben und vermischen. Die vorbereiteten Zutaten in diese Mischung geben und alles miteinander vermengen. Mit Salz und Pfeffer würzen und einige Minuten ziehen lassen.

08 Die Backbögen in zwei ca. 30 x 30 cm große Quadrate schneiden.

09 In der Mitte jeweils die Hälfte der Butter verstreichen und die Fisch-Gemüse-Masse daraufsetzen. Die 4 Ecken zur Mitte hin aufnehmen und mit Küchenschnur oder einer Büroklammer (Vorsicht: Diese ist nach dem Backen sehr heiß!) fest machen.

10 Auf das vorgewärmte Backblech setzen und ca. 25 Minuten garen.

11 Zum Servieren die Päckchen vorsichtig öffnen (Dampf!) und den Inhalt in einen tiefen Suppenteller geben.

12 Mit einem Klecks Sauerrahm garnieren.

Seelachspiccata

Für 2 Personen
Zubereitungszeit: ca. 35 Minuten

- 300 g Seelachsfilet
- ½ TL getrockneter Dill
- 2 Eier (Größe L)
- 80 g fein geriebener Parmesankäse
- 2 EL Olivenöl
- Salz, Pfeffer

1 Portion (ca. 265 g): 500 kcal, 49,3 g Eiweiß (42,4 E%), 29,1 g Fett (56,7 E%), 1 g Kohlenhydrate (0,9 E%)

01   Die Fischfilets unter kaltem Wasser abspülen. Anschließend mit einem Küchenkrepp trocken tupfen.

02   Den Fisch auf einen Teller legen und mit dem getrockneten Dill, etwas Pfeffer und Salz würzen.

03   Die Eier in eine kleine Schüssel aufschlagen. Zusammen mit dem geriebenen Käse und etwas Salz und Pfeffer zu einer Paste verrühren. Die Fischfilets auf beiden Seiten mit der Parmesanpaste bestreichen.

04   Das Olivenöl einer großen beschichteten Pfanne erhitzen. Die Fischfilets bei schwacher bis mittlerer Hitze (Vorsicht: Nicht zu heiß, da die »Ei-Panade« sonst sehr schnell schwarz und dadurch bitter wird!) auf beiden Seiten jeweils 5 Minuten anbraten.

05   Auf zwei Tellern anrichten.

TIPPS: Dieses Fischrezept bietet eine nette Abwechslung zum klassischen Kalbfleischpiccata.

In der vegetarischen Variante können Sie die Fischfilets durch ½ cm dicke Auberginenscheiben ersetzen, die Sie zuvor salzen, etwa 15 Minuten ziehen lassen und anschließend kalt abspülen und trocken tupfen.

Seeteufelmedaillons an Limetten-Basilikum-Vinaigrette

Für 2 Personen
Zubereitungszeit: ca. 35 Minuten

- 2 Seeteufelmedaillons (à ca. 150 g)
- ¼ TL Meersalz
- schwarzer Pfeffer aus der Mühle
- 2 EL Olivenöl
- 1 Limette
- 2 Knoblauchzehen
- 1 Bund Basilikum
- 1 EL Aceto balsamico
- 6 Cherrytomaten
- 2 TL Kapern

1 Portion (ca. 230 g): 210 kcal, 23,7 g Eiweiß (43,9 E%), 11,3 g Fett (47,4 E%), 4,7 g Kohlenhydrate (8,7 E%)

01   Die Fischfilets unter fließendem kaltem Wasser abspülen und anschließend mit einem Küchenkrepp trocken tupfen. Dann die Filets auf einen Teller legen und mit dem Meersalz und etwas Pfeffer würzen.

02   Das Olivenöl einer großen beschichteten Pfanne erhitzen. Die Fischfilets ins heiße Öl geben und von beiden Seiten jeweils 5 Minuten anbraten.

03   In der Zwischenzeit die Limette auspressen. Den Knoblauch schälen und pressen. Die Basilikumblätter in feine Streifen schneiden. Diese Zutaten zusammen mit dem Aceto balsamico in einer kleinen Schüssel zu einer Vinaigrette anrühren.

04   Die Cherrytomaten in kleine Stücke schneiden.

05   Die Medaillons auf zwei Tellern anrichten. Die Vinaigrette darüberträufeln und alles mit Tomatenstückchen und Kapern garnieren.

TIPP: Die Fischfilets lassen sich im Sommer hervorragend auf dem Grill zubereiten.

Fischburger mit Kräuter-Sahne-Sauce

Für 2 Personen, 4–6 Stück
Zubereitungszeit: ca. 40 Minuten

Für die Fischburger:
- 300 g Fischfilets (z. B. Lachs oder Zander)
- 1 Ei (Größe L)
- 1 TL Maisstärke
- 1 kleine Zwiebel
- 1 kleine Karotte
- ½ Fenchelknolle
- 1 Bio-Zitrone
- 1 EL Butterschmalz
- Salz, Pfeffer aus der Mühle

Für die Sauce:
- 2 Zweige Petersilie
- 2 Zweige Dill
- ½ Bund Schnittlauch
- ½ TL milder Senf
- 100 ml saure Sahne
- Pfeffer aus der Mühle

1 Portion (ca. 390 g): 400 kcal, 29,5 g Eiweiß (29,8 E%), 25,7 g Fett (59 E%), 11,1 g Kohlenhydrate (11,2 E%)

01 Die Fischfilets unter kaltem Wasser abspülen und mit einem Küchenkrepp trocken tupfen. Mit einem scharfen Messer in ganz kleine, wenige Millimeter große Stücke schneiden.

02 Das Ei aufschlagen und mit der Maisstärke verquirlen.

03 Die Zwiebel schälen und fein hacken. Die Karotte und die Fenchelknolle putzen und an der feinen Raffel reiben.

04 Die Zitrone heiß abwaschen und die Schale fein abreiben. Anschließend die Frucht halbieren und eine Hälfte auspressen.

05 Alle Zutaten miteinander vermischen, mit Salz und Pfeffer abschmecken. Aus der Masse 4 bis 6 Bällchen formen und diese leicht flachdrücken.

06 Das Butterschmalz in einer beschichteten Pfanne erhitzen und die Fischburger auf beiden Seiten einige Minuten goldbraun anbraten. Herausnehmen und auf Küchenpapier abtropfen lassen.

07 Für die Sauce Kräuter waschen, trocken schütteln und hacken. Anschließend mit dem Senf und der sauren Sahne verrühren. Mit Pfeffer abschmecken.

08 Die Fischburger auf zwei Tellern anrichten und mit der Kräuter-Sahne-Sauce servieren.

Gefüllte Hähnchenbrust

Zubereitungszeit: 30 Minuten

- 2 Hähnchenbrustfilets (à ca. 150 g)
- 50 g Kräuterfrischkäse (50 % Fett)
- 2 Scheiben Speck
- 1 TL Butterschmalz
- Salz, Pfeffer

1 Portion (ca. 190 g): 240 kcal, 39,8 g Eiweiß (67,2 E%), 8,5 g Fett (31,2 E%), 0,7 g Kohlenhydrate (1,2 E%)

01 Die Hähnchenbrustfilets kalt abwaschen und mit einem Küchenpapier trocken tupfen.

02 Mit einem scharfen Messer ein große Tasche einschneiden und den Kräuterfrischkäse einfüllen.

03 Das Fleisch mit Salz und Pfeffer würzen und mit den Speckscheiben umwickeln. Eventuell mit je einem Zahnstocher fixieren.

04 Das Butterschmalz in einer beschichteten Pfanne heiß werden lassen und die Hähnchenbrustfilets darin rundherum anbraten.

05 Mit etwas heißem Wasser ablöschen und bei mittlerer Hitze mit geschlossenem Deckel ca. 10 bis 15 Minuten fertig garen lassen.

TIPPS: Belegen Sie die Filets mit je 2 Salbeiblättern und umwickeln Sie sie anstelle von Bauchspeck mit rohem Schinken.

Als Alternative zum Kräuterfrischkäse können Sie neutralen Frischkäse verwenden und diesen nach Belieben mit Ihrem Lieblingsgewürz abschmecken.

Gefüllter Kürbis mit Hackfleisch

Für 2 Personen
Zubereitungszeit: 15 Minuten
Garzeit im Backofen: 30 Minuten

- 1 Butternutkürbis
- 1 kleine Zucchini
- 2 Knoblauchzehen
- 250 g Rinderhackfleisch
- 100 ml Sauerrahm
- 1 Ei (Größe L)
- ½ TL Maisstärke
- 1 TL scharfes Currypulver
- 1 EL Olivenöl
- einige Blätter Salat
- 1 Bund glatte Petersilie
- Salz, Pfeffer aus der Mühle

1 Portion (ca. 650 g): 570 kcal, 37,3 g Eiweiß (26,5 E%),
35,3 g Fett (55,4 E%), 25,5 g Kohlenhydrate (18,1 E%)

01 Den Backofen auf 180 °C (Umluft) vorheizen.

02 Den Kürbis der Länge nach halbieren und die Kerne herauslösen.

03 Die Zucchini waschen und trocken tupfen. Die Enden abschneiden. Dann die Zucchini an der Reibe ganz fein raffeln.

04 Den Knoblauch schälen und pressen.

05 Die Zucchini zusammen mit dem Knoblauch, Hackfleisch, Sauerrahm, Ei, der Maisstärke und dem Currypulver in eine Schüssel geben und alles vermischen. Mit Salz und Pfeffer würzen.

06 Die Schnittflächen des Kürbis mit Olivenöl einstreichen und die Masse in die Vertiefung füllen.

07 Auf ein mit Backpapier ausgelegtes Backblech legen und ungefähr 30 Minuten in der Ofenmitte backen.

08 Zum Anrichten einige Blätter Salat auf zwei Tellern verteilen und je eine Kürbishälfte in die Mitte legen.

09 Die Petersilie waschen, trocken schütteln, die Blättchen von den Stängeln zupfen und zum Dekorieren über das Gericht geben.

TIPP: Außerhalb der Kürbiszeit eignen sich auch Paprikaschoten, Tomaten oder Zucchini für dieses Gericht.

Kalbsragout mit Salbei und Zitronenthymian

Für 2 Personen
Zubereitungszeit: 45 Minuten

- 350 g Kalbsgulasch
- 1 Zwiebel
- 1 Knoblauchzehe
- 4–5 Salbeiblätter
- 2 Zweige Zitronenthymian
- 1 EL Rapsöl
- 1 Msp. scharfes Paprikapulver
- 300 ml Rinderbrühe (alternativ Kalbsfond)
- 50 ml Sahne
- Salz, Pfeffer

1 Portion (ca. 350 g): 410 kcal, 38,5 g Eiweiß (37,8 E%), 26,3 g Fett (57,2 E%), 5,2 g Kohlenhydrate (5 E%)

01 Das Fleisch 30 Minuten vor der Verwendung aus dem Kühlschrank nehmen und mit einem Küchenpapier abtupfen.

02 Die geschälte Zwiebel zusammen mit der ebenfalls geschälten Knoblauchzehe fein hacken. Die Salbeiblätter in feine Streifen schneiden und die Zitronenthymianblättchen vom Stängel ziehen.

03 Das Öl in einem Topf mit schwerem Boden erhitzen. Zwiebeln, Knoblauch und Kräuter kurz andünsten. Das Fleisch dazugeben und alles anbraten. Mit Paprika, Pfeffer und Salz würzen.

04 Nach ein paar Minuten das Fleisch mit der Rinderbrühe ablöschen. Die Hitzezufuhr auf max. ein Drittel der Temperatur zurückstellen und das Ragout bei geschlossenem Deckel etwa 40 Minuten schmoren lassen.

05 Dann die Sahne dazugießen und das Ganze nochmals wenige Minuten einkochen lassen.

TIPP: Anstelle von Salbei und Zitronenthymian können Sie auch eine französische Kräutermischung verwenden.

Hackbraten an Senf-Sahne-Sauce

Für 2 Personen
Zubereitungszeit: 15 Minuten
Garzeit im Backofen: 25 Minuten

Für den Hackbraten
- 1 kleine Zucchini
- 250 g Rinderhackfleisch
- 100 g Kalbsbrät
- 1 Ei (Größe L)
- 40 g geriebener Hartkäse
  (z. B. Parmesan)
- Salz, Pfeffer, Paprikapulver

Für die Senf-Sahne-Sauce:
- 150 ml Rinderbrühe
- 50 ml Sahne
- 1 EL grobkörniger Senf
- Salz, Pfeffer

1 Portion (ca. 410 g): 610 kcal, 44,9 g Eiweiß (29,1 E%),
46,4 g Fett (68,2 E%), 4,2 g Kohlenhydrate (2,7 E%)

01   Den Backofen auf 180 °C (Umluft) vorheizen.

02   Die Zucchini küchenfertig vorbereiten und im Multizerkleinerer oder mit dem Wiegemesser in kleinste Stückchen schneiden.

03   Das Hackfleisch mit Paprikapulver, Salz und Pfeffer würzen. Danach mit dem Kalbsbrät und den Zucchinistückchen vermischen. Anschließend das Ei und den Käse untermischen. Danach die Masse zu einem Hackbraten formen.

04   Diesen auf ein mit Backpapier ausgelegtes Backblech legen und in der mittleren Schiene des Ofens ungefähr 25 Minuten garen.

05   Zwischenzeitlich die Rinderbrühe kurz mit der Sahne aufkochen lassen. Den Topf vom Herd nehmen und den Senf unterrühren. Mit Salz und Pfeffer abschmecken.

ACHTUNG: Die Sauce sollte nach Zugabe des Senfs nicht mehr kochen, da dieser sonst einen intensiven Essiggeschmack entwickelt.

TIPPS: Als Alternative können Sie aus der Masse anstelle eines Hackbratens mehrere kleine Fleischklöße formen. Braten Sie diese rundherum jeweils einige Minuten in 1 EL Rapsöl in einer Pfanne an.

Anstelle der Zucchini passen auch Karotten oder Kohlrabi.

Spargel-Schinken-Röllchen

Für 2 Personen
Zubereitungszeit: 25 Minuten

- 500 g grüner Spargel
- ½ Bio-Zitrone
- 10 Scheiben roher Schinken
  (z. B. Serrano)
- 2 EL Olivenöl
- 10 Zahnstocher

1 Portion (ca. 235 g): 270 kcal, 16,8 g Eiweiß (24,8 E%),
21,2 g Fett (69,2 E%), 4 g Kohlenhydrate (6 E%)

01   Das hintere Drittel der Spargelstangen abschneiden.

02   Ca. 1 Liter kaltes Wasser mit der Zitronenhälfte und dem Spargel aufsetzen, alles aufkochen lassen und die Spargelstangen einige Minuten bissfest garen. Anschließend mit kaltem Wasser abschrecken und halbieren. Es werden nur die vorderen Hälften gebraucht (zur Verwendung der übrigen Spargelhälften siehe Tipps).

03   Die Schinkenscheiben auf einen Teller legen und die Spargelstangen gleichmäßig darauf verteilen. Die Schinkenscheiben anschließend fest um den Spargel rollen und mit einem Zahnstocher fixieren.

04   Das Olivenöl in einer beschichteten Pfanne erhitzen und die Spargelrollen portionsweise rundherum anbraten.

05   Zum Servieren die Röllchen auf flachen Tellern anrichten.

TIPPS: Als Beilage eignet sich ein grüner Blattsalat aus Rucola, Kresse, Löwenzahn. Richten Sie den Salat mit einem italienischen Dressing aus 2 EL Olivenöl, 1 EL Aceto balsamico, einigen Zitronensaftspritzern sowie Pfeffer aus der Mühle und Meersalz an.

Diese Röllchen schmecken auch kalt hervorragend und lassen sich gut mitnehmen.

Aus den nicht verwendeten Spargelenden können Sie am Folgetag im Handumdrehen einen wunderbaren Salat zaubern: Verwenden Sie dazu zwei hart gekochte Eier und 150 g Thunfisch (im eigenen Saft). Dekorieren Sie das Ganze mit frischen Sprossen und einigen Cherrytomaten und beträufeln Sie den Salat mit der Sauce von Seite 35.

Stangensellerie mit Morchelragout

Für 2 Personen
Zubereitungszeit: ca. 25 Minuten
(plus 20 Minuten Einweichzeit)

- 20 g getrocknete Morcheln
- 200 ml Milchwasser (halb/halb)
- 600 g Stangensellerie
- 1 Zwiebel
- 1 EL Rapsöl
- 250 ml Gemüsebrühe
- 100 ml Sahne
- ½ TL Maisstärke
- Salz, Pfeffer

1 Portion (ca. 450 g): 295 kcal, 8,9 g Eiweiß (12,3 E%), 23,9 g Fett (73,1 E%), 10,6 g Kohlenhydrate (14,6 E%)

01 Die Morcheln ungefähr 20 Minuten in lauwarmem Milchwasser einlegen.

02 Danach das Milchwasser abgießen und die Morcheln in einem Sieb durchspülen und abtropfen lassen. Größere Pilzstücke halbieren.

03 Den Stangensellerie putzen und in 1 cm dicke Scheiben schneiden.

04 Die Zwiebel schälen und mit dem Blitzhacker oder einem scharfen Messer fein hacken.

05 Das Rapsöl in einer Pfanne mit hohem Rand erhitzen. Die gehackte Zwiebel und die Morcheln einige Minuten darin anschwitzen. Anschließend den Sellerie dazugeben und alles nochmals kurz durchrühren.

06 Gemüsebrühe und Sahne zugeben. Das Gemüse sollte bedeckt sein, eventuell etwas mehr Brühe zugießen. Das Ganze 15 Minuten bei mittlerer Hitze köcheln lassen. Zum Schluss die Maisstärke einrühren und alles nochmals kurz aufkochen.

07 Mit Salz und Pfeffer abschmecken.

TIPP: Die Morcheln können Sie durch getrocknete Steinpilze ersetzen.

Gemüseauflauf

Für 2 Personen
Zubereitungszeit: 15 Minuten
Garzeit im Backofen: 20–25 Minuten

- 500 g gemischtes gekochtes Gemüse
- 2 Eier (Größe L)
- 150 ml saure Sahne
- 150 ml Milch (3,5 % Fett)
- 80 g geriebener reifer Bergkäse
- ½ Briefchen gemahlener Safran
- etwas Butter zum Ausfetten der Ofenförmchen
- 6 Cocktailtomaten
- 20 g Pinienkerne (alternativ Kürbiskerne)
- 10 g Butter
- Salz, Pfeffer

1 Portion (ca. 550 g): 525 kcal, 23,6 g Eiweiß (18,2 E%), 40,1 g Fett (68,4 E%), 17,4 g Kohlenhydrate (13,4 E%)

01   Den Backofen auf 180 °C (Umluft) vorheizen.

02   Das gegarte Gemüse in mundgerechte Stücke schneiden.

03   Eier, saure Sahne und Milch zusammen mit dem Käse und dem gemahlenen Safran mit dem Rührbesen zu einer dickflüssigen Creme verrühren. Mit Salz und Pfeffer abschmecken.

04   Zwei runde Auflauf- oder Souffléförmchen (ca. 13 cm Durchmesser) mit etwas Butter einfetten.

05   Das gekochte Gemüse in die Formen einschichten und die Eiermasse darübergießen.

06   Die Cocktailtomaten waschen und in feine Scheiben schneiden. Diese auf dem Auflauf verteilen, das Ganze mit den Pinienkernen bestreuen und einige Butterflöckchen darüber geben.

07   In der Mitte des Ofens ungefähr 20 bis 25 Minuten garen.

Varianten

Italienisch: mit italienischer Kräutermischung und Parmesan

Exotisch: mit Currypulver und 100 g klein geschnittenen Putenbruststückchen

Feurig: mit Paprika- oder Cayennepfeffer-Pulver und 50 g klein geschnittener scharfer ungarischer Wurst

Griechisch: mit zwei in feine Streifen geschnittenen Pfefferminzblättern und zerkrümeltem Fetakäse

Low-Carb-Pfannkuchen

Für ca. 4 Stück
Zubereitungszeit: ca. 25 Minuten
(davon 15 Minuten Quellzeit)

- 2 Eier (Größe L)
- 80 g Naturjoghurt (3,5 % Fett)
- 2–3 EL Haferkleie
- 1 Prise Salz
- 2 TL Butter für die Pfanne

1 Stück (ca. 65 g): 100 kcal, 5,5 g Eiweiß (22,4 E%), 6,3 g Fett (56,7 E%), 5,1 g Kohlenhydrate (20,9 E%)

01   Alle Zutaten in den Mixer geben und durchpürieren oder mit einem Schneebesen vermischen.

02   Die Butter in einer beschichteten Pfanne zergehen lassen und aus dem dickflüssigen Teig nacheinander vier dünne Pfannkuchen backen.

Ergänzungen zum Grundrezept

Pikant: 50 g Frischkäse, 20 g geschmolzene Kräuterbutter, 1 EL frische, gehackte Kräuter

Süß: ½ TL Zimt, Vanillesamen, 1 TL Kokosraspel

Passende Füllungen

Pikant: alle Sorten kurz gebratenes Fleisch (z. B. Putengeschnetzeltes), Bolognesesauce, Spinat mit Fetakäse, gekochter Spargel

Süß: Mus aus frischen pürierten Früchten, Mascarpone und Magerquark, gemischt mit gehackten Nüssen und aromatisiert mit Vanillesamen

Linsensalat mit Weißkohl

Für 2 Personen
Zubereitungszeit: 30 Minuten

- 100 g grüne Linsen
- 1 l Gemüsebrühe
- ½ Weißkohl (ca. 350 g)
- 1 rote Zwiebel
- 2 Knoblauchzehen
- 1 EL Rapsöl
- 4 getrocknete Tomaten
- 1 EL Paprikapulver
- 2 EL Himbeer- oder Weißweinessig
- 1 Bio-Zitrone
- 2 EL Rettichsprossen (alternativ andere Sprossen)
- Salz, Pfeffer

1 Portion (ca. 360 g): 200 kcal, 10 g Eiweiß (21,5 E%),
6,9 g Fett (33,4 E%), 21 g Kohlenhydrate (45,1 E%)

01 Die Linsen in einem großen Sieb kalt abbrausen. In einem hohen Topf in der Gemüsebrühe 15 bis 20 Minuten köcheln lassen. Anschließend die restliche Flüssigkeit abgießen. Die Linsen ein wenig abkühlen lassen.

02 Den Weißkohl küchenfertig vorbereiten und in feine Streifen schneiden bzw. hobeln. Die Zwiebel schälen und in feine Ringe schneiden. Die Knoblauchzehen schälen und pressen.

03 Das Öl in einer Pfanne erhitzen und den Kohl, die Zwiebelringe und den Knoblauch darin andünsten.

04 Alles zusammen unter ständigem Rühren einige Minuten bissfest weiterdünsten. Dann kurz abkühlen lassen.

05 Die getrockneten Tomaten in feine Streifen schneiden.

06 Aus Paprikapulver, Essig und den getrockneten Tomaten eine Sauce anmischen.

07 Anschließend alle Zutaten in eine große Schüssel geben und miteinander vermengen. Mit Salz und Pfeffer abschmecken.

08 Die Zitrone heiß waschen und die Schale fein abreiben.

09 Die Rettichsprossen kurz abbrausen und trocken tupfen.

10 Den fertigen Salat auf zwei Schüsselchen verteilen. Mit Rettichsprossen und Zitronenabrieb bestreuen.

TIPPS: Eine fruchtige Variante erhalten Sie, wenn Sie einige Papayawürfeln oder 200 g frische Himbeeren zugeben.

Das Paprikapulver können Sie durch Currypulver ersetzen.

Für eine weitere Geschmacksvariante eignen sich 50 g Speckwürfelchen, die mit dem Kohl mitgedünstet werden.

Ricottaküchlein

Für 2 Portionen (8 Stück)
Zubereitungszeit: 20 Minuten

- 200 g Ricotta
- ½ Chilischote
- 1 Bio-Zitrone
- 1 Ei (Größe L)
- 80 g geriebener Hartkäse
  (z. B. Parmesan)
- 1 TL Maisstärke
- 2 EL Olivenöl
- Salz, Pfeffer aus der Mühle

1 Portion (ca. 185 g): 460 kcal, 24,7 g Eiweiß (21,5 E%),
37,6 g Fett (72,3 E%), 7,1 g Kohlenhydrate (6,2 E%)

01 Den Ricotta in einer Schüssel cremig rühren. Die Chilischotenhälfte der Länge nach halbieren und die Kerne sorgfältig entfernen. (Achtung: Möglichst mit Handschuhen arbeiten, da bei Augenkontakt eine starke Reizung entsteht!) Danach die Hälften mit einem scharfen Messer in feinste Streifen schneiden.

02 Die Zitrone heiß abwaschen und die Schale fein abreiben. Den Abrieb zusammen mit der gehackten Chilischote, dem Ei, dem geriebenen Käse und der Maisstärke unter den Ricotta ziehen. Mit Salz und Pfeffer abschmecken.

03 Das Olivenöl in einer beschichteten Pfanne heiß werden lassen.

04 Aus der Masse mit 2 nassen Esslöffeln 8 gleich große Portionen abteilen und diese in das heiße Öl geben. Die Hitze sofort um die Hälfte reduzieren und die Küchlein auf beiden Seiten jeweils ungefähr 5 Minuten braten. Gegebenenfalls die Hitze nochmals ein wenig reduzieren.

05 Die fertigen Küchlein auf einem Küchenkrepp abtropfen lassen und sofort servieren.

Dieses Rezept lässt Ihnen viel Freiraum für eigene Kreationen.

- Geben Sie zur Ricottamasse 100 g fein zerkleinertes Gemüse, das Sie vorher in einer Pfanne angedünstet haben.

- Als leichte Sommervariante können Sie frische gehackte Kräuter (z. B. Petersilie, Kerbel, Schnittlauch, Oregano oder Thymian) zur Masse geben und die Küchlein nach dem Ausbacken als kalte Beilage zu einem großen Sommersalat essen.

Linsentaler

Für 2 Personen
Zubereitungszeit: 30 Minuten

- 100 g rote oder gelbe Linsen
- 250 ml Gemüsebrühe
- 300 g frischer Blattspinat
- 50 g geriebener Hartkäse
  (z. B. Parmesan)
- 1 Ei (Größe L)
- 1 Bio-Zitrone
- 2 EL Rapsöl
- 1 Prise Muskatnuss, Salz und Pfeffer

1 Portion (ca. 360 g): 450 kcal, 29,3 g Eiweiß (26,5 E%),
23,2 g Fett (47,7 E%), 28,5 g Kohlenhydrate (25,8 E%)

01   Die Linsen in einem feinen Sieb unter fließendem Wasser so lange spülen, bis das Wasser klar ist. Anschließend in der Gemüsebrühe aufkochen und 10 Minuten köcheln lassen. Dann die Restbrühe abgießen.

02   Den Blattspinat in grobe Stücke schneiden, waschen und tropfnass in einen hohen Topf geben. Das Ganze einige Minuten erhitzen, bis der Spinat zusammenfällt. Über einem großen Sieb abgießen und das restliche Wasser ausdrücken. Mit Muskatnuss, Pfeffer und Salz würzen.

03   Die leicht abgekühlten Linsen in einer großen Schüssel mit einer Gabel zerdrücken. Nacheinander den Käse und das Ei unterziehen.

04   Die Zitrone heiß waschen, ungefähr die Hälfte der Schale fein abreiben und zum Linsengemisch geben. Zum Schluss den gekochten Spinat zugeben, alles miteinander vermengen. Mit leicht feuchten Händen Kugeln von etwa 5 cm Durchmesser formen und diese flach drücken.

05   Das Rapsöl in einer schweren Bratpfanne erhitzen und die Taler von beiden Seiten jeweils 5 Minuten anbraten.

TIPP: Lust auf etwas Feuriges oder Exotisches? Dann ersetzen Sie die Muskatnuss einfach durch eine halbe, fein gehackte Chilischote.

Sesamcamembert im Salatbeet

Für 2 Personen
Zubereitungszeit: 20 Minuten

- 1 runder Camembert à 125 g
  (45 % Fett i. Tr.)
- 1 Ei (Größe L)
- 1 EL Milch (3,5 % Fett) oder Sahne
- 40 g Sesamsaat
- 2 Handvoll junger Spinat
- 2 Handvoll Schnittsalat
- ½ Bund Radieschen
- 1 Karotte
- 1 EL Rapsöl
- ½ Bund Schnittlauch
- 2 EL Olivenöl
- 1 EL Aceto balsamico
- Meersalz, Pfeffer aus der Mühle

1 Portion (ca. 315 g): 480 kcal, 23,4 g Eiweiß (19,8 E%),
37,6 g Fett (70,4 E%), 11,6 g Kohlenhydrate (9,8 E%)

01   Den Camembert in 4 gleich große Stücke schneiden. Das Ei zusammen mit der Milch in einem Suppenteller verquirlen. Die Sesamsaat auf einen flachen Teller geben und verteilen. Die Camembertstücke zuerst im Ei und danach in der Sesamsaat wenden.

02   Die Spinat- und Salatblätter waschen und trocken schleudern. Die Radieschen waschen, putzen und anschließend in dünne Scheiben schneiden. Die Karotte waschen, schälen und an der groben Reibe raffeln.

03   Das Rapsöl in einer beschichteten Pfanne erhitzen und die Käsestücke auf allen Seiten bei schwacher Temperatur wenige Minuten bräunen. (Vorsicht: Die Pfanne nicht zu heiß werden lassen, die Sesamsaat wird schnell schwarz!)

04   Den Schnittlauch waschen, trocken schütteln und in Röllchen schneiden. Aus Olivenöl, Essig, Salz und Pfeffer eine Salatsauce anrühren. Die Karottenraspel getrennt von den Salatblättern mit dem Dressing anmachen.

05   Zum Anrichten 2 Teller mit dem Blattsalat auslegen und den Karottensalat in die Mitte geben. Je 2 Camembertstücke daraufsetzen und mit den Radieschen sowie den Schnittlauchröllchen garnieren.

TIPP: Diese Panade lässt sich auch für Fisch- oder Fleischstückchen verwenden. Wenden Sie dafür den Fisch oder das Fleisch zuerst in 1 EL Mehl. So können Sie Fischstäbchen oder Chickennuggets genießen, ohne dass Sie Ihren Körper mit einer kohlenhydratreichen Panade aus Semmelbröseln belasten.

Weitere Varianten für Panade:

- fein gehackte Sonnenblumen- und/ oder Kürbiskerne
- gehackte Mandeln und/oder Haselnüsse

Schokoladenkuchen

Ergibt ca. 20 Stück
Zubereitungszeit: ca. 40 Minuten
Backzeit: 55–60 Minuten

- 5 Eier (Größe L)
- 100 weiche Butter
- 40 g Zucker (alternativ entsprechende Menge Xylit)
- 2 große säuerliche Äpfel
- 3 EL ungezuckertes Kakaopulver
- 1 EL Zimt
- 200 g geriebene Mandeln
- 80 g Dinkelmehl
- 1 Päckchen Backpulver
- Salz

1 Stück (ca. 50 g): 150 kcal, 5,3 g Eiweiß (13,9 E%), 11,3 g Fett (66,2 E%), 7,5 g Kohlenhydrate (19,9 E%)

01 Den Backofen auf 170 °C (Umluft) vorheizen.

02 Die Eier trennen. Das Eiweiß mit einer Prise Salz zu steifem Schnee schlagen und beiseitestellen.

03 Die weiche Butter zusammen mit dem Zucker in einer großen Schüssel schaumig rühren. Die Eigelbe und eine Prise Salz dazugeben und vorsichtig unterrühren.

04 Die Äpfel schälen und an einer groben Raffel reiben. Anschließend zur Schaummasse geben und unterheben.

05 In einer weiteren Schüssel Kakaopulver, Zimt, Mandeln, Dinkelmehl und Backpulver vermischen, zur Schaummasse geben und alles vermengen. Abschließend den Eischnee vorsichtig mit einem Teigschaber unter die Masse ziehen.

06 Die Masse in eine Silikon-Kastenform von ca. 28 cm Länge füllen.

07 Ca. 60 Minuten im unteren Teil des Ofens backen.

ACHTUNG: Nach ungefähr 30 Minuten den Kuchen mit Alufolie abdecken.

TIPPS: Anstelle der Äpfel eignen sich auch fein geraffelter Kürbis, Karotten oder Zucchini.

Ein ¼ bis ½ TL Chilipulver gibt dem Kuchen eine feurige Note.

Das Kakaopulver kann je nach Vorliebe durch die abgeriebene Schale einer Bio-Zitrone oder -Orange ersetzt werden.

Der Kuchen schmeckt nach 1 bis 2 Tagen am besten. Gut in Folie eingepackt hält er sich im Kühlschrank problemlos 5 Tage. Ebenso eignet er sich zum Einfrieren. Vorher portionieren.

Vanillecreme mit Erdbeeren

Für 4 Portionen
Zubereitungszeit: ca. 15 Minuten
(plus 2 Stunden Abkühlzeit)

- 500 ml Milch (3,5 % Fett)
- 1 Vanilleschote
- 1 TL Maisstärke
- 2 Eier (Größe L)
- 20 g Zucker
- 300 g frische Erdbeeren
- 80 ml Sahne

1 Portion (ca. 250 g): 235 kcal, 9,2 g Eiweiß (15,9 E%),
14,1 g Fett (54,2 E%), 17,2 g Kohlenhydrate (29,9 E%)

01   Alle Zutaten, bis einschließlich des Zuckers, in einem weiten Topf gründlich verrühren. Auf mittlerer Hitze unter ständigem Rühren bis kurz vor dem Kochen bringen und anschließend kurz vom Herd ziehen. Die Hitze reduzieren. Dann den Topf wieder auf die Herdplatte geben und 2 bis 3 Minuten weiterrühren.

02   Achtung: Die Creme darf nicht mehr kochen, da die Eier sonst gerinnen und die Creme nach Rührei schmeckt.

03   Die Creme durch ein großes Sieb in eine Schüssel gießen und 2 Stunden kühl stellen.

04   Die Erdbeeren waschen, vorsichtig trocken tupfen und in mundgerechte Stücke schneiden.

05   Vor dem Anrichten die Sahne steif schlagen und unter die Creme ziehen. Die Creme in kleine Schälchen füllen und die Erdbeeren darauf verteilen.

TIPP: Diese Creme kann mit allen Beeren und Fruchtsorten kombiniert werden.

Variante für eine Schokoladencreme:

- Geben Sie 40 g dunkle Schokolade (Kakaoanteil mindestens 70 %) in die warme Milch.

Low-Carb – Low-Budget.
Kohlenhydratbilanzierte Küche für den kleinen Geldbeutel.
Wolfgang Link | Dr. med. Jürgen Voll
978-3-942772-65-5 **8,99 €**

Low-Carb unterwegs.
40 Rezepte für die Reise und zum Mitnehmen.
Franca Mangiameli | Heike Lemberger
978-3-942772-66-2 **8,99 €**

Low-Carb vegan.
40 Rezepte ohne tierische Lebensmittel.
Franca Mangiameli | Heike Lemberger
978-3-942772-68-6 **8,99 €**

Low-Carb in 15 Minuten.
40 »leichte« Schnellrezepte zum Genießen.
Wolfgang Link
978-3-942772-75-4 **8,99 €**

Low-Carb-Powerwoche.
In 7 Tagen Vitalität gewinnen und Gewicht verlieren.
Wolfgang Link | Dr. med. Jürgen Voll
978-3-942772-87-7 **8,99 €**

Low-Carb in der Schwangerschaft.
Gesundheit mit wenig Kohlenhydraten für Mutter und Baby.
Annett Schmittendorf
978-3-942772-72-3 **8,99 €**

Low-Carb-Feierabendküche.
5 Zutaten – 15 Minuten – 40 Rezepte.
Wolfgang Link
978-3-95814-059-2 **8,99 €**

Low-Carb-Nudelküche.
30 köstliche echte Pastarezepte mit wenig Kohlenhydraten.
Wolfgang Link
978-3-95814-047-9 **8,99 €**

 **NEU**

Low-Carb-One-Pot.
1 Topf – alle Zutaten – 40 kohlenhydratarme Rezepte.
Wolfgang Link
978-3-95814-095-0 **8,99 €**

Low-Carb für Sportler.
30 kohlenhydratreduzierte Gerichte für den Sportler.
Wolfgang Link | Dr. med. Jürgen Voll
978-3-942772-91-4 **8,99 €**

Low-Carb-Desserts.
40 Desserts mit wenig Kohlenhydraten.
Wolfgang Link
978-3-942772-95-2 **8,99 €**

Low-Carb-Pfannengerichte.
40 Rezepte für die schnelle Pfanne mit wenig Kohlenhydraten.
Wolfgang Link
978-3-942772-93-8 **8,99 €**

Low-Carb bei Nahrungsmittelunverträglichkeit.
30 Rezepte bei Laktoseintoleranz/ Fruktoseintoleranz/Zöliakie.
W. Link | Dr. med. J. Voll
978-3-942772-74-7 ~~4,99 €~~ **7,99 €**

Low-Carb für den Hund.
Artgerechte Hundeernährung mit wenig Kohlenhydraten – Wissen, Tipps und Rezepte.
Ursula Bien
978-3-95814-011-0 **8,99 €**

Low-Carb vegetarisch.
40 vegetarische Rezepte ohne Fisch und Fleisch.
Wolfgang Link
978-3-95814-005-9 **8,99 €**

Low-Carb-Suppen.
40 Suppen und Eintöpfe zum einfachen Nachkochen.
Manuela Oehninger Suter
978-3-95814-004-2 **8,99 €**

Low-Carb für Einsteiger.
Start in ein kohlenhydratarme Leben mit zahlreichen Varianten für den Einstieg in eine kohlenhydratarme Ernährung.
Manuela Oehninger Suter
978-3-95814-048-6 **8,99 €**

 NEU

Low-Carb-Burger.
40 großartige Burgerrezepte mit wenigen Kohlenhydraten.
Wolfgang Link
978-3-95814-074-5 **8,99 €**

Low-Carb kalte Küche.
40 kohlenhydratarme Rezepte ohne zu kochen.
Manuela Oehninger Suter
978-3-95814-021-9 **8,99 €**

Low-Carb-Aufläufe.
40 kohlenhydratarme Rezepte aus dem Ofen & Wissenswertes zu Aufflauformen.
Wolfgang Link
978-3-95814-022-6 **8,99 €**

Low-Carb-Backen für den Alltag.
22 kohlenhydratarme, einfache und 100% funktionierende Rezepte für Kuchen und Kekse.
Beate Strecker
978-3-95814-033-2 **8,99 €**

Low-Carb-Weihnachtsbäckerei.
22-mal Kekse, Gebäck und Konfekt zur Weihnachtszeit.
Beate Strecker
978-3-95814-043-1 **8,99 €**

Low-Carb für Diabetiker.
29 kohlenhydratarme Rezepte zur Blutzuckerregulation.
Wolfgang Link | Dr. Jürgen Voll
978-3-95814-045-5 **8,99 €**

Low-Carb-Frühstück.
40 abwechslungsreiche Frühstücksideen mit wenig Kohlenhydraten.
Wolfgang Link
978-3-95814-046-2 **8,99 €**

Low-Carb mediterran.
34 kohlenhydratarme Rezepte mit garantiertem Feriengefühl.
Manuela Oehninger Suter
978-3-95814-055-4 **8,99 €**

 NEU

Low-Carb-Classics.
40 kohlenhydratarme Rezepte aus der traditionellen Hausmacherküche.
Wolfgang Link
978-3-95814-081-3 **8,99 €**

 **BEST-SELLER** **auch als eBOOK**

Krebszellen lieben Zucker – Patienten brauchen Fett.
Gezielt essen für mehr Kraft und Lebensqualität bei Krebskrankungen.
Prof. Ulrike Kämmerer
Dr. Christina Schlatterer | Dr. Gerd Knoll
978-3-927372-90-0 **24,99 €**

Ketogene Ernährung bei Krebs.
Die besten Lebensmittel bei Tumorerkrankungen.
Prof. Ulrike Kämmerer
Dr. Christina Schlatterer | Dr. Gerd Knoll
978-3-95814-037-0 **14,99 €**

KetoKüche für Einsteiger: Rezepte & Kraftshakes.
50 ketogene Rezepte, die schmecken.
Dorothee Stuth | Ulrike Gonder
978-3-942772-42-6 **14,99 €**

KetoKüche zum Genießen.
Mit gesunden Gewürzen und Kokosnuss. Über 100 ketogene Rezepte für Genießer.
Bettina Matthaei | Ulrike Gonder
978-3-942772-44-0 **19,99 €**

KetoKüche mediterran.
90 kohlenhydratarme Gerichte rund um das Mittelmeer.
Bettina Matthaei | Ulrike Gonder
978-3-95814-044-8 **19,99 €**

  **JETZT ALS PAPERBACK**

Stopp Alzheimer!
Wie Demenz vermieden und behandelt werden kann.
Dr. Bruce Fife
978-3-942772-86-0 ~~24,99 €~~ **20,00 €**

Stopp Alzheimer! Praxisbuch.
Wie Demenz vermieden und behandelt werden kann. Mit zahlreichen Rezepten, Mental-Test sowie Warenkunde und Kohlenhydrattabellen.
Dr. Bruce Fife
978-3-942772-27-3 **12,99 €**

Die Anti-Alzheimer-Diät. **NEU**
Alzheimer und Demenz einfach wegessen – oder: Wie die Ernährung vor Alzheimer schützen kann.
Dr. Peter Heilmeyer | Ulrike Gonder
978-3-95814-070-7 **15,95 €**

Das Beste aus der Kokosnuss.
Natives Bio-Kokosöl und Bio-Kokosmehl.
Ulrike Gonder
978-3-942772-56-3 **4,99 €**

Kokosöl (nicht nur) fürs Hirn!
Wie das Fett der Kokosnuss helfen kann, gesund zu bleiben und das Gehirn vor Alzheimer und anderen Schäden zu schützen.
Ulrike Gonder
978-3-942772-38-9 **7,49 €**

Positives über Fette und Öle.
Warum gute Fette und Öle so wichtig für uns sind.
Ulrike Gonder
978-3-942772-57-0 **4,99 €**
Alle 3 Bücher im Paket
978-3-942772-55-6 **14,00 €**

KetoKüche kennenlernen.
Die ketogene Ernährung in Theorie und Praxis.
Ulrike Gonder | Anja Leitz
978-3-942772-80-8 **8,99 €**

Das angesagte, Ernährungsthema im systemed Verlag: Gezielt essen bei Krebserkrankungen, Alzheimer und Demenz mit ketogener Ernährung.

Praxisbroschüre
Rezepte zur Unterstützung einer ketogenen Ernährung für Krebspatienten.
Prof. Ulrike Kämmerer | Nadja Pfetzer
(erhältlich nur beim Verlag) **6,90 €**

 auch als eBOOK

Pur – weiß – tödlich.
Warum der Zucker uns umbringt – und wie wir ihn verhindern können.
Prof. John Yudkin | Prof. Robert Lustig
978-3-942772-41-9
~~14,99 €~~

 JETZT ALS PAPERBACK

Kräuter & Gewürze als Medizin.
Gesund und schlank mit Vitalkräften aus der Apotheke der Natur.
Klaus Oberbeil
978-3-942772-92-1
15,00 € ~~19,95 €~~

Fit mit 100.
Jung bleiben, länger leben.
- Ein Leben lang schlank & glücklich.
- Programme für Körper und Seele.
- 100 wertvolle Ernährungstipps.
Klaus Oberbeil
978-3-927372-93-1
14,99 €

Warum Fische nie dick werden.
Jung & schlank mit Meeresfrüchten, Omega-3-Fettsäuren, Algen und Jod.
Klaus Oberbeil | Patrick Coudert
978-3-942772-71-6
5,00 €

Der Gen-Code.
Das Geheimnis der Epigenetik – wie wir mit Ernährung und Bewegung unsere Gene positiv beeinflussen können.
Dr. Ulrich Strunz
978-3-942772-01-3
14,99 €

Yes, I can!
Erfolgreich schlank in 365 Schritten.
Dr. Ilona Bürgel
978-3-927372-51-1
4,99 €
~~15,00 €~~

Das Myoreflexkonzept.
Schmerzfrei mit aktiven Muskeln.
Dr. med. E. Jörg | P. Kensok
978-3-942772-49-5
13,99 € ~~19,99 €~~

 GESUND DURCH STRESS!

Gesund durch Stress!
Wer reizvoll lebt, bleibt länger jung!
Hans-Jürgen Richter
Dr. Peter Heilmeyer
978-3-927372-42-9
4,99 € ~~15,95 €~~

Happy-Hippie-Cooking Ibiza.
72 Rezepte, die auf Konventionen pfeifen.
Love & Peace an der Pfanne.
Elke Clörs
978-3-95814-025-7
19,99 €

Ich habe so lange auf Dich gewartet!
Der lange Weg durch die Kinderwunsch-therapie. Ein Tagebuch – ärztlich kommentiert und ergänzt – über Hoffnungen, Misserfolge, Wegbegleiter und das Wunschkind.
Prof. M. Ludwig | Maileen L.
978-3-942772-11-2
9,59 € ~~15,99 €~~

Mut zur Trennung.
Plädoyer für eine mutige und produktive Entscheidung – Kinder brauchen Aufrichtigkeit.
Jutta Martha Beiner
978-3-942772-47-1
9,59 € ~~15,99 €~~

Homöopathie – sanfte Heilkunst für Babys und Kinder.
Homöopathische Behandlung im Alltag.
Angelika Szymczak
978-3-927372-49-8
5,99 € ~~19,95 €~~

 BEST-SELLER / auch als eBOOK

Mehr Fett!
Warum wir mehr Fett brauchen, um gesund und schlank zu sein.
U. Gonder | Dr. N. Worm
978-3-927372-54-2
13,99 € ~~19,95 €~~

 NEU

Wechseljahre-Lügen.
Hormon-, Diät- und Therapielügen. Und auch ein paar Wahrheiten.
Ulrike Gonder | Manuela Oehninger Suter
978-3-95814-056-1
15,95 €

  NEU

Anleitung zum Übergewicht.
Wie Sie sich selbst das Leben schwer machen.
Dr. Julia Feind
978-3-95814-078-3
10,00 €

 BEST-SELLER / auch als eBOOK

Stopp Diabetes!
Raus aus der Insulinfalle mit der LOGI-Methode.
Katja Richert | Ulrike Gonder
978-3-927372-56-6
16,95 €

 auch als eBOOK

Stopp Diabetes! Praxisbuch.
Ernährungs- und Bewegungspläne. LOGI-Methode.
Ein besseres Leben mit Diabetes.
Katja Richert
978-3-942772-08-2
16,99 €

Allergien vorbeugen.
Schwangerschaft und Säuglingsalter sind entscheidend!
Dr. I. Reese | Chr. Schäfer
978-3-927372-50-4
9,99 € ~~14,95 €~~

 Campus Food

Campus Food.
Vegane Studentenküche.
Anne Bühring | Kurt-Michael Westermann
978-3-942772-21-1
12,00 €

Ethisch Essen mit Fleisch.
Eine Streitschrift über nachhaltige und ethische Ernährung mit Fleisch und die Missverständnisse und Risiken einer streng vegetarischen und veganen Lebensweise.
Lierre Keith | Ulrike Gonder
978-3-927372-87-0
14,99 €

 GUTE KOHLENHYDRATE SCHLECHTE KOHLENHYDRATE

Gute Kohlenhyrate – schlechte Kohlenhydrate.
Pfunde verlieren und Energie tanken.
Barbara Plaschka | Petra Linné
978-3-927372-81-8
12,95 €

66 Ernährungsfallen
... und wie sie mit Low-Carb zu vermeiden sind.
- in typischen Alltagssituationen
- für Büro und Freizeit
- mit Einkaufsführer im Supermarkt
- mit ausführlichem Restaurant-Guide
Barbara Plaschka | Petra Linné
978-3-927372-55-9
15,95 €

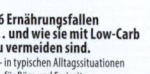

**Low-Carb für Männer.
Ein Mann – (k)ein Bauch.**
Jetzt noch übersichtlicher – mit komplett überarbeiteter Kohlenhydrattabelle zum Nachschlagen. Nur als eBook.
Barbara Plaschka | Petra Linné
epub: 978-3-95814-152-0
pdf: 978-3-95814-153-7
11,99 €

Entscheidend ist auf'm Teller!
Das BVB-Prinzip für optimale Fitness und maximale Energie.
Frank Fligge | Jola Jaromin-Bowe
978-3-95814-040-1
19,99 €

 nur als eBOOK

Schwer verdaulich.
Wie uns die Ernährungsindustrie mästet und krank macht. Nur als eBook.
Pierre Weill
epub: 978-3-95814-060-8
pdf: 978-3-95814-061-5
8,99 €

Köstlich kochen mit Tee.
Einfache und inspirierende Rezepte.
Tanja Bischof | Harry Bischof
978-3-942772-76-1
4,99 € ~~8,95 €~~

Das Kohlenhydratkartell.
Über die Diätkatastrophe, die finsteren Machenschaften der Zuckerlobby und Wege aus dem Diätendschungel.
Clifford Opoku-Afari
978-3-942772-39-6
12,95 €

 auch als eBOOK

Jod. Schlüssel zur Gesundheit.
Wiederentdeckung eines Heilmittels. Neue Power für Ihre Körperzellen.
Kyra Hoffmann | Sascha Kauffmann
978-3-95814-017-2
14,99 €

 NEU

Das Jod-Kochbuch.
50 köstliche Rezepte mit jodhaltigen Lebensmitteln.
Kyra Hoffmann | Anno Hoffmann
Sascha Kaufmann
978-3-95814-073-8
14,95 €

 NEU

Kost-fast-nix-Kochbuch.
49 günstige Lieblingsrezepte.
Prof. Dr. Dietrich Grönemeyer
mit Anna Cavelius und Anja Rusch
978-3-95814-031-8
8,00 €

Der Paleo-Code.
Das Steinzeit-Programm.
Romy Dollé
978-3-927372-86-3
19,99 €

Paleo-Guide.
Kompaktes Basiswissen, Tabellen und praktische Tipps zum leichten Einstieg in ein Leben im Einklang mit den Genen.
Susanne Bader
978-3-95814-036-3
7,99 €

Früchtewampe.
Warum Obst und Gemüse dick machen!
Romy Dollé
978-3-942772-83-9
19,99 €

Iss einfach gut.
Das Prinzip Nahrungskette – einfach und pragmatisch erklärt vom Koch der Deutschen Fußballnationalmannschaft.

In Hardcover-Luxusausführung mit Moleskine Gummi und Saisonkalender als DIN-A3-Poster
Holger Stromberg
978-3-942772-50-1
14,99 € ~~18,99 €~~

Die Foodwerkstatt.
38 Supermarktklassiker zum Selbermachen und viele weitere gesunde Rezepte.
Hardcover mit Moleskineband und Bleistift in Gummilasche.
Sebastian Lege
978-3-95814-041-7
25,00 €

Low-Carb your life.
Die Lieblingsrezepte aus seiner erfolg-reichen Ratgeberreihe. Mit vielen neuen Ideen und Kreationen.
Wolfgang Link
978-3-95814-027-1
19,99 €

Bestellen Sie direkt beim Verlag. Versandkostenfreie Lieferung. Alle bereits erschienenen Bücher sind sofort lieferbar. Das tagesaktuelle Programm sowie alle verbindlichen Preise finden Sie auf www.systemed.de.

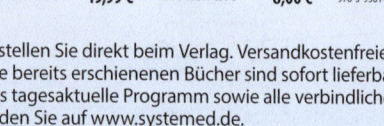

Yoga & Achtsamkeit

Das Hatha Yoga Praxisbuch.
Für Einsteiger und Fortgeschrittene.
Marcel Anders-Hoepgen
978-3-95814-035-6   **29,99 €**

Sonderedition **NEU**

Endlich gut schlafen. (Doppel-CD)
Gut & Besser schlafen – die Klassiker in einem Paket.
Marcel Anders-Hoepgen
978-3-95814-102-5   **13,00 €**

Die Yogi-Methode.
30-Tage-Challenge zur achtsamen Ernährung.
Vegan – ayurvedisch – yogisch.
Marcel Anders-Hoepgen
978-3-942772-69-3   **19,99 €**

Anti-Stress-Yoga.
Kartenbox mit 18 Rezepten und 56 Asanas.
Petra Orzech
978-3-942772-85-3   **14,99 €**

Schlank durch Achtsamkeit.
Durch inneres Gleichgewicht zum Idealgewicht.
Ronald Pierre Schweppe
978-3-942772-90-7   **14,99 €**

Glückliche Kinder.
Erziehung in Liebe und Achtsamkeit.
Aus der Reihe »mitGefühl«
Ronald Pierre Schweppe
978-3-95814-000-4   **2,50 €**

Sampoorna Hatha Yoga Stunde. (DVD)
Stufe 1
Marcel Anders-Hoepgen
978-3-927372-64-1   **17,95 €**

Sampoorna Hatha Yoga Stunde. (CD)
Stufe 1
Marcel Anders-Hoepgen
978-3-927372-65-8   **9,79 €** ~~14,95 €~~

Marcel Anders-Hoepgen
Besser schlafen. (CD)
Entspannung für die Nacht.
978-3-942772-25-9   **9,99 €**
Kraft tanken. (CD)
Entspannung für den Tag.
978-3-927372-61-0   **7,99 €**

Yoga: Jeden Tag neu!
Über 100.000 mögliche Kombinationen für Übungseinheiten à 5 bis 10 Minuten.
Marcel Anders-Hoepgen
978-3-927372-69-6   **13,99 €** ~~28,00 €~~

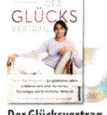

Der Glücksvertrag
Das 21-Tage-Programm. Ein glückliches Leben in Balance dank einer Formel aus Psychologie und fernöstlicher Heilkunst.
Inklusive DVD.
A. Mehta | G. Brüggemann   **5,99 €** ~~19,99 €~~
978-3-942772-14-3

Achtsam abnehmen.
33 Methoden für jeden Tag.
Ronald Pierre Schweppe
978-3-942772-99-0   **12,99 €**

Starke Partner.
Beziehung in Liebe und Achtsamkeit.
Aus der Reihe »mitGefühl«
Aljoscha Long
978-3-95814-001-1   **2,50 €**

Sampoorna Hatha Yoga Stunde. (DVD)
Leichte Mittelstufe
Schwerpunkt: Dehnung der Hüften
Marcel Anders-Hoepgen
978-3-942772-04-4   **17,95 €**

Nada-Yoga-Musik-Reihe.
Marcel Anders-Hoepgen
Eternal OM (CD)
978-3-942772-16-7   **9,99 €**
Shanti (CD)
978-3-942772-29-7   **9,99 €**
Runterkommen (CD)
978-3-942772-17-4   **9,99 €**
Gelassenheit (CD)
978-3-942772-15-0   **9,99 €**

Marcel Anders-Hoepgen
Bauchmuskulatur stärken (CD)
978-3-927372-75-7   **8,95 €**
Gleichgewicht (CD)
978-3-927372-72-6   **8,95 €**
Oberen Rücken stärken (CD)
978-3-927372-73-3   **8,95 €**
Unteren Rücken stärken (CD)
978-3-927372-74-0   **8,95 €**

Warum Stress dick macht
. . . und warum wir entspannt schneller abnehmen.
Ronald Pierre Schweppe   **9,75 €**
978-3-942772-51-8   ~~12,99 €~~

Dauerhaft schlank.
Ernährung mit Liebe und Achtsamkeit.
Aus der Reihe »mitGefühl«
Dr. Julia Bollwein
978-3-95814-002-8   **2,50 €**

Selbstheilung.
Gesundheit durch Liebe und Achtsamkeit.
Aus der Reihe »mitGefühl«
Fei Long
978-3-95814-003-5   **2,50 €**

Hatha Yoga Stunde. (DVD)
Leichte Mittelstufe
Schwerpunkt: Kraftaufbau
Marcel Anders-Hoepgen
978-3-927372-84-9   **17,99 €**

Rücken for fit.
Das 30-Tage-Programm für einen schmerzfreien Rücken in nur fünf Minuten pro Tag.
Inklusive Übungs-DVD.
Marcel Anders-Hoepgen   **14,99 €**
978-3-942772-53-2   ~~19,99 €~~

Hebammen Yoga.
Übungen zur Geburtsvorbereitung und Rückbildung. *Inkl. Mantra-Audio-CD.*
Marcel Anders-Hoepgen   **5,99 €**
978-3-927372-99-3   ~~19,99 €~~

Sonnengruß, Teil 2. (DVD + CD)
Der perfekte Stressabbau.
Marcel Anders-Hoepgen   **9,99 €**
978-3-927372-97-9   ~~16,95 €~~

Sonderedition

Der Sonnengruß. (Doppel-DVD)
Workout für den Morgen voller Energie und Kraft. Entspannung für den Abend und guten Schlaf.
Marcel Anders-Hoepgen
978-3-95814-067-7   **17,99 €**

Hebammen Yoga. (Doppel-DVD)
Übungen zur Geburtsvorbereitung und Rückbildung.
Marcel Anders-Hoepgen
978-3-942772-03-7   **16,95 €**

Yoga X-Large.
Auch Dicke können Yoga machen!
Yoga- und Bewusstseitsübungen für Menschen mit Plus-Size-Körpern.
Birgit Feliz Carrasco
978-3-942772-77-8   **17,99 €**

Der Burnout-Irrtum
Ausgebrannt durch Vitalstoffmangel – Burnout fängt in der Körperzelle an! Das Präventionsprogramm mit Praxistipps und Fallbeispielen.
Uschi Eichinger | Kyra Hoffmann
978-3-95814-042-4   **19,99 €**

Die Anti-Stress-Ernährung.
Die LOGI-Methode zur Stressbewältigung.
Mehr Power für die Körperzellen.
Uschi Eichinger | Kyra Hoffmann
978-3-95814-032-5   **19,99 €**

systemed Verlag
Kastanienstraße 10
D-44534 Lünen
Telefon 02306 63934
Telefax 02306 61460
www.systemed.de
faltin@systemed.de

systemed verlag

Impressum

Redaktion: systemed Verlag, Lünen
systemed GmbH, Kastanienstr. 10, 44534 Lünen
Lektorat: Susanne Bader, Grainau

Fotografie: Studio Reiner Schmitz, München
Foodstyling: Marcel Sumpf, München
Stockfotografie: www.fotolia.de

Gestaltung und Satz: A flock of sheep, Lübeck

Druck: Hitzegrad Print Medien und Service GmbH, Dortmund
ISBN: 978-3-95814-048-6

2. Auflage

Hinweis: Alle Informationen und Hinweise, die in diesem Buch enthalten sind, wurden von der Autorin nach bestem Wissen erarbeitet und von ihr und dem Verlag mit größtmöglicher Sorgfalt überprüft. Unter Berücksichtigung des Produkthaftungsrechts müssen wir allerdings darauf hinweisen, dass inhaltliche Fehler und Auslassungen nicht völlig auszuschließen sind. Für etwaige fehlerhafte Angaben können die Autoren, Verlag und Verlagsmitarbeiter keinerlei Verpflichtung und Haftung übernehmen. Korrekturhinweise sind jederzeit willkommen und werden gerne berücksichtigt.